ROYAL HORTICULTURAL SOCIETY
DK GARTENTIPPS

# ZWIEBEL-
# & KNOLLENPFLANZEN

ROYAL HORTICULTURAL SOCIETY
DK GARTENTIPPS

# ZWIEBEL- & KNOLLENPFLANZEN

ROD LEEDS

DORLING KINDERSLEY
LONDON • NEW YORK • MÜNCHEN • PARIS

DORLING KINDERSLEY

REIHENBETREUUNG Annelise Evans
REIHENBILDBETREUUNG Ursula Dawson
DTP-DESIGNER Louise Paddick, Louise Waller
PROJEKTBETREUUNG Sarah Coltman

CHEFLEKTORAT Anna Kruger
CHEFBILDLEKTORAT Lee Griffiths

Die Deutsche Bibliothek – CIP-Einheitsaufnahme

Ein Titeldatensatz für diese Publikation ist bei Der Deutschen Bibliothek erhältlich.

Titel der englischen Originalausgabe:
Bulbs



ÜBERSETZUNG Feryal Kanbay

ISBN 3-8310-0252-5

Printed and bound by Star Standard Industries, Singapore

Besuchen Sie uns im Internet
www.dk.com

# INHALT



Hier und im folgenden umfasst der Begriff „Zwiebelpflanzen“ immer auch Knollen und Rhizome.

# ZWIEBELPFLANZEN IM GARTEN

## WAS SIND ZWIEBELN?

DIESER BEGRIFF wird für Pflanzen verwendet, die ein unterirdisches Speicherorgan haben, das es ihnen ermöglicht, schnell zu wachsen und zu blühen. Diese Speicherorgane können die unterschiedlichsten Formen aufweisen: Narzissen und Lilien besitzen Zwiebeln, Krokusse und Gladiolen Zwiebelknollen, Dahlien und Alpenveilchen Knollen, Blumenrohr und Aronstab Rhizome. Im weitesten Sinne werden alle diese Speicherorgane als Zwiebeln bezeichnet.

### WAS BLÜHT ZU WELCHER JAHRESZEIT?

Die Natur bietet dem Gartenfreund eine bunte Palette an Zwiebel- und Knollengewächsen für jede Jahreszeit. Viele von ihnen sind vollkommen winterhart, andere, wie z. B. Blumenrohr, nur bedingt. Letztere müssen auf ähnliche Weise kultiviert werden wie einjährige Beetpflanzen. Zum Glück jedoch können viele Zwiebelpflanzen in gemäßigten Breiten problemlos gepflanzt werden, wenn man einen für sie günstigen Standort auswählt. Jede Zwiebel ist ein kompaktes System: Die genetischen Informationen für Wurzeln, Stängel, Blätter und Blüten sind alle in ihr enthalten. Sie wartet geradezu auf genügend Feuchtigkeit und Wärme, um all dies entfalten zu können.

HERBSTFARBEN *Das Efeublättrige Alpenveilchen* Cyclamen hederifolium *ist ein attraktiver Herbstblüher. In großen Gruppen sieht es besonders dekorativ aus.*

ROTE TULPEN *Rote Tulpen und blaulila Traubenhyazinthen bieten ein eindrucksvolles Farbenspiel.*

# ZWIEBELPFLANZEN FÜRS GANZE JAHR

DIE BESONDERS VIELSEITIGEN und einfach zu kultivierenden Zwiebel- und Knollengewächse zählen zu den anmutigsten Blumen. Sie bringen das ganze Jahr hindurch Farbe in den Garten. Normalerweise denken wir an die herrlichen Narzissen im Frühjahr, denen die eindrucksvollen Tulpen Folgen. Doch es gibt weitaus mehr Zwiebel- und Knollenpflanzen, eine riesige Palette an Blumen, quer durch das Farbspektrum, für jeden Monat des Jahres.

## FRÜHLING

Das ist die Jahreszeit, in der sogar Nicht-Gärtner es zu schätzen wissen, wenn Zwiebelpflanzen mit ihrer Farbenpracht die düstere Winterstimmung vertreiben.

Narzissen können den Garten mehr als zwei Monate lang schmücken. Die Blütezeit beginnt mit Sorten wie 'February Gold' im zeitigen Frühjahr. Die hübsche weiße 'Thalia' folgt in der Mitte des Frühlings und die süßlich duftende, weiße 'Cheerfulness' etwas später. Als eine der letzten Narzissen blüht die 'Tripartite', die an jedem Stiel mehrere goldgelbe Blüten trägt und sich im Spätfrühling von ihrer besten Seite zeigt.

Tulpen zeigen einige der lebhaftesten Blütenfarben, die von Gelb über Orange bis zu Rot und Violett reichen. Die mittelhohen und niedrigeren Sorten sind bei widrigen Wetterverhältnissen relativ standhaft, und Tulpen wie die 'White Triumphator' überragen stolz die kleineren Frühlingsblumen.

Die Auswahl an anderen Zwiebel- und Knollengewächsen im Frühling ist enorm groß. Es gibt die kleine *Iris reticulata* in den verschiedensten Farben, den Blaustern (*Scilla*) sowie den Schneeglanz (*Chionodoxa*), die dank ihrer Fülle an Samen schon nach kurzer Zeit den ganzen Boden mit einem Blütenteppich bedecken. Mit dem kleinen Frühlingsstern (*Ipheion uniflorum*) 'Wisley Blue' – wunderschöne blassblaue, sternenförmige Blüten – lässt sich das Spektrum erweitern. Eine ähnliche Wirkung erzielt man mit Strahlenanemonen (*Anemone blanda*), die oft blau blühen, aber auch in Weiß, Purpur und Rot zu finden sind.

### FRÜHLINGSBLÜHER

*Chionodoxa forbesii* (Sternhyazinthe)
*Ipheion uniflorum* (alle Sorten)
*Narcissus* 'Dove Wings'
*Narcissus* 'Irene Copeland'
*Narcissus* 'Jack Snipe'
*Narcissus* 'Jetfire'
*Narcissus* 'Minnow'
*Narcissus* 'Mount Hood'
*Scilla siberica* (Sibirischer Blaustern)
*Tulipa linifolia* 'Batalinii'
*Tulipa praestans*

NICKENDE NARZISSEN
*Die kleinblütige Narzisse 'Jack Snipe' und die Strahlenanemone besitzen eine elegante Anmut und Schönheit.*

EIN TRAUM IN ROT
*Die leuchtenden Blüten der* Anemone pavonina *sind ein Blickfang. Sie gedeihen am besten an der sonnigsten und trockensten Stelle.*

## Sommer

Im Sommer weist der Boden im Idealfall keine kahlen Stellen mehr auf: Entweder haben Sie verschiedene Arten gepflanzt oder die Natur hat das gleiche auf ihre Weise getan. Damit Zwiebel- und Knollengewächse in dieser Zeit eindrucksvoll wirken, müssen sie hochwüchsig sein und sich gegen einen Blätterwald behaupten können. Zierlauch, Prärielilie und Sommerhyazinthe gehören in diese Kategorie und können mit ihren kugeligen Blütenständen und Ähren jeder Rabatte ein interessantes Aussehen verleihen. Dichter Sommerwuchs kann jedoch auch von Nutzen sein, da untere, kahle Stellen der hohen Zwiebelgewächse von umgebenden Pflanzen verdeckt werden können.

Nicht winterharte Zwiebeln und Knollen können jetzt ausgepflanzt werden. Gewächse wie Blumenrohr, Gladiolen und Dahlien sind sehr bunt und sorgen für dramatische Effekte. Lilien wachsen um diese Zeit enorm in die Höhe und stellen ihre dekorativen Stängel und Blätter zur Schau. Hybrid-Lilien lassen sich am einfachsten kultivieren, aber an Schönheit werden sie von anderen Arten, wie z. B. der Riesenlilie (*Cardiocrinum giganteum*), übertroffen. Sie braucht fruchtbare, feuchte Böden, damit ihre Stängel mit den herzförmigen Blättern und duftenden Trompetenblüten eine Höhe von bis zu 2 m erreichen.

ERHABENER LAUCH
*Der Zierlauch mit seinen kugelförmigen Blütenständen ist eine ausgezeichnete Gartenpflanze in Purpur oder Weiß. Er ist ein herrlicher Lückenfüller im Spätfrühling.*

### SOMMERBLÜHER

*Allium giganteum* (Riesenlauch)
*Allium* 'Globemaster'
*Camassia cusickii*
*Camassia leichtlinii 'Semiplena'* (Prärielilie)
*Galtonia candicans* (Sommerhyazinthe)
*Lilium* 'Karen North'
*Lilium martagon var. album* (Türkenbundlilie)

## HERBST

Viele herbstblühende Zwiebelpflanzen bilden ihre Blüten an kahlen Stängeln und entwickeln ihre Blätter erst im darauf folgenden Frühjahr. Während der Pflanzung (im Spätsommer, früher als die Frühlingsblüher) sollte der Platz, der von den Blättern später beansprucht wird, mitberücksichtigt werden, da manche, wie Herbstzeitlose und *Amaryllis*, ausladendes Laub bilden. Nerinen und *Amaryllis* machen den Anfang. Sie blühen üppig, wenn sie an einer sonnigen Mauer gepflanzt wurden und der obere Teil der Zwiebel etwas herausgeragt hat. Sie tragen rosa und gelegentlich weiße, trompetenförmige Blüten auf kräftigen Stielen.

Das Efeublättrige Alpenveilchen (*Cyclamen hederifolium*) sieht prächtig aus, wenn es in Gruppen wächst. Seinen weißen und rosafarbenen Blüten folgt bald das hübsche grün und silbern gezeichnete Laub. Einen starken Farbkontrast bilden die Goldkrokusse mit ihren leuchtend gelben, kelchförmigen Blüten. Diese Sonnenanbeter blühen lange Zeit, vereinzelt sogar bis zur Mitte des Winters. Herbstzeitlose (*Colchicum autumnale*) werden oft fälschlicherweise als Herbstkrokusse bezeichnet, gehören aber zur gleichen Familie wie Narzissen und sind gewöhnlich rosa, eine Farbe, die es bei echten Krokussen nicht gibt. Sie sehen in großen Gruppen sehr wirkungsvoll aus und sollten so gepflanzt werden, dass ausreichend Platz für ihre im Frühjahr erscheinenden Blätter ist. Die Bunte Zeitlose (*Colchicum speciosum*) entwickelt weiße Kelche, die auf limonengrünen Stielen sitzen – eine perfekte und robuste Kombination, die den Launen des Herbstes problemlos widersteht.

> Dicht gepflanzte Herbstblüher bringen einen verblühten Garten wieder zum Leuchten

EINE ALTERNATIVE FÜR DEN HERBST
*Tief gepflanzt sind diese südamerikanischen Schopflilien* Eucomis bicolor *zuverlässige Blüher im Spätsommer und Herbst.*

### HERBSTBLÜHER

*Amaryllis belladonna* (Belladonnalilie)
*Colchicum byzantinum* (Herbstzeitlose)
*Colchicum speciosum* 'Album'
*Dahlia* (Dahlie; alle Sorten)
*Lilium speciosum* (Pracht-lilie)
*Nerine bowdenii* (Nerine)
*Sternbergia lutea* (Goldkrokus)

## WINTERBLÜHER

*Cyclamen coum* (alle Sorten)
*Eranthis hyemalis* (Kleiner Winterling)
*Galanthus nivalis* (Schneeglöckchen)
*Galanthus elwesii*
*Hippeastrum* (Ritterstern)
*Hyacinthus orientalis*
*Leucojum vernum* (Märzenbecher)
*Narcissus* 'Paper White'

▲ FARBTUPFER IN PINK
*Herbstzeitlose sind pflegeleichte, doch effektvolle Blumen, die das Gartenjahr in den Rabatten abrunden.*

► EINE WINTERLICHE RABATTE
*Das früh blühende Alpenveilchen mit all seinen Farben und Blattzeichnungen ist einfach zu kultivieren und bildet ein sehr abwechslungsreiches Winterbeet.*

## WINTER

In dieser Jahreszeit sind Zwiebelgewächse als Zimmerdekor sehr beliebt. Vorgetriebene Hyazinthen und Narzissen waren lange Zeit führend, um den Winter aufzuhellen. Doch immer begehrter werden Rittersterne, auch Amaryllis, genannt *Hippeastrum*: großblütige Hybriden, die im Herbst gepflanzt werden, so dass sie mitten im Winter blühen.

Es ist möglich, im kahlen und kalten Garten den ganzen Winter hindurch Zwiebel- und Knollenpflanzen zu ziehen. Diese Wintergewächse sollte man am besten entlang der Wege pflanzen, um den Zugang zu erleichtern.

Schneeglöckchen (*Galanthus*) sind kleine, hübsche Pflanzen, die robust und leicht zu ziehen sind. Die verschiedenen Sorten können von Mitte Herbst bis zum zeitigen Frühjahr Blüten bilden. Das gewöhnliche Schneeglöckchen (*G. nivalis*) z. B. ist ein großer Überlebenskünstler.
Die Pflanzen gedeihen problemlos unter Ziergehölzen, Bäumen oder Hecken und verwildern bis in die Wiesen hinein.

Genauso eindrucksvoll sind Winterlinge (*Eranthis*), kleine gelbe Blumen, die über einer Halskrause aus Blättern stehen und sich bei den ersten warmen Sonnenstrahlen aus dem Boden schieben.

Auch das früh blühende Alpenveilchen (*Cyclamen coum*) ist eine sehr eindrucksvolle Pflanze, deren magentarote bis weiße Blüten unempfindlich gegen Kälte sind.

# ZWIEBELPFLANZEN ALS SCHNITTBLUMEN

SCHNITTBLUMEN STELLEN IHRE herrlichen Zeichnungen zur Schau und betören mit ihrem Duft. Eine schlichte schlanke Vase bringt die Blumen bestens zur Geltung, sogar eine einzelne Blüte. Manche Blüten öffnen sich im Freien nicht vollständig, weil Temperatur oder Licht nicht ausreichend sind. Doch diese besonders während der Wintermonate auftretenden Probleme können im warmen Haus leicht bewältigt werden.

## DIE AUSWAHL

Die herrlichen Arrangements, die man auf Blumenschauen sehen kann, liefern Ihnen zahlreiche Ideen. Wollen Sie die Blumen regelmäßig abschneiden, sollten Sie Zwiebelpflanzen am besten als einen Teil des Gemüsegartens kultivieren. Gladiolen z. B. eignen sich hervorragend als Schnittblumen, sind aber in einen natürlichen Garten schwer zu integrieren. Wenn Sie sie in Reihen zwischen Speisezwiebeln und Karotten pflanzen, können Sie die Gladiolen zusammen mit dem Gemüse ernten.

## SCHNITT UND PFLEGE

Schneiden Sie Blütenstiele mit offenen Knospen nur so weit wie nötig ab. Lassen Sie so viele Blätter wie möglich daran, so dass sich die Zwiebel im folgenden Jahr neu entwickeln kann. Schneiden Sie die Stiele in einem spitzen Winkel ab, so können sie möglichst viel Wasser aufnehmen und länger frisch bleiben. Stellen Sie die Blumen an einer kühlen Stelle in tiefes Wasser und entfernen Sie alle Blätter, die unter Wasser sind, damit sie nicht faulen. Geben Sie spezielle Kristalle für Schnittblumen ins Wasser, damit die Blumen länger schön bleiben. Ein Teelöffel Zucker erfüllt denselben Zweck.

Das Wasser sollte man häufiger erneuern, so dass keine unangenehmen Gerüche entstehen. Welke Blüten müssen entfernt werden, damit der Strauß länger dekorativ aussieht. Viele Zwiebelpflanzen, wie Amaryllis, Nerinen und Lilien, eignen sich ausgezeichnet für Blumenarrangements, weil sie langlebig sind und kräftige Stiele besitzen. Denken Sie daran, dass der Blütenstaub von Lilien Flecken auf der Kleidung verursachen kann. Die Staubgefäße sollten als Kontrast an den Blüten bleiben.

> Aus kleineren Zwiebelgewächsen lassen sich individuelle Sträuße gestalten

ANMUTIGE ANEMONEN
*Anemonen sind sehr langlebig. Hier wurden sie eng zusammengebunden und zu einem ungewöhnlichen Blickfang arrangiert.*

STARKE STIELE
*Tulpen sind ausgezeichnete Schnittblumen, da sie sich sehr gut halten. Schneiden Sie die Stiele so oft wie möglich vor und während der Blüte, und Sie werden lange Freude daran haben.*

Achten Sie darauf, den Stiel unterhalb der Stelle abzuschneiden, an der die Blätter sitzen.

## Schöne Sträuße durch das Jahr

Ein alter Brauch, Blüten und Blätter für besondere Anlässe zu pflücken, wurde Anfang des 20. Jahrhunderts von den berühmten Gärtnern Vita Sackville-West und Lady Scott neu entdeckt. Während der blumenarmen Zeit im Jahr, im Winter, bedeutet dies oft eine Herausforderung für den Gärtner. Die Suche kann jedoch überraschend lohnenswert sein. Denn vor allem wenn es keine strengen Fröste gibt, findet man Goldkrokusse, Schneeglöckchen und Alpenveilchen. Vorgetriebene Narzissen und Hyazinthen kann man ebenso hinzufügen.

Blumen, die für einen winterlichen Strauß gepflückt wurden, können mit immergrünen Pflanzen und anderen Winterblumen in einer flachen Schale schlicht, aber eindrucksvoll arrangiert werden.

»NARZISSENBAUM«
*Ein auffallendes Arrangement aus Narzissen. Die Blüten haben kurze Kronen und lassen sich sehr gut zu einer dichten Kugel binden.*

### GEEIGNETE BLUMEN

*Allium christophii* (Sternkugellauch)
*Allium X hollandicum*
*Crocosmia x crocosmiiflora* 'Dusky Maiden'
*Crocosmia x crocosmiiflora* 'Star of the East'
*Dahlia* (Dahlien; alle Sorten)
*Gladiolus Grandiflorus-Gruppe* (Gladiole)
*Leucojum aestivum* 'Gravetje Giant' (Sommerknotenblume)
*Lilium* (Lilie; alle Sorten)
*Narzissus* (Narzissen; alle Sorten)
*Nerine bowdenii* (Nerine)
*Tulipa* (Tulpe; alle Sorten)

# Zwiebelgewächse mit dekorativen Samenständen

Je mehr Zwiebelpflanzen Sie ziehen, umso mehr attraktive »Hinterlassenschaften« werden Sie am Ende des Sommers entdecken: die vertrockneten Samenstände voller Samen. Die häufigsten sind die des Zierlauchs, die kugelförmig aussehen. Sie brechen ab, wehen über das Land und verbreiten ihre Samen.

## Samenstände trocknen

Mit den feuchten Wetterverhältnissen im Herbst beginnt die Zeit der Zersetzung. So hat der Gärtner die Wahl, die Samenstände zu pflücken, zu trocknen oder aber im Freien stehen zu lassen. Wann die Samenstände abgeschnitten werden sollten, hängt davon ab, wie trocken sie schon sind.

Beim Trocknen können die Samen in den Kapseln fest eingeschlossen bleiben.

KUGELN FÜR DEN GARTEN *Auch verblüht bietet der Lauch einen sehr langlebigen und wirkungsvollen Anblick.*

Gepflückt werden sie am besten am Ende eines sonnigen Tages. Danach werden sie für einige Wochen an einem trockenen, luftigen Platz aufgehängt, zum Ausreifen. Man kann die Samenstände in große Papiertüten

> Der kugelige Zierlauch eignet sich gut zum Trocknen

(nicht Plastik!) stecken, damit die Samen, die aus ihren Hüllen fallen, nicht verloren gehen. Achten Sie auf Insekten, die während des Trocknens aus den Samenkapseln herausgekommen sein könnten!

## Geeignete Zwiebelgewächse

Der kugelförmige Zierlauch, einschließlich *Allium atropurpureum*, *A. hollandicum*, *A. rosenbachium* und *A. schubertii*, lässt sich sehr gut als trockener Blütenstand aufbewahren.

Die Arten unterscheiden sich in Höhe und Struktur. Werden die Blütenköpfe nicht abgeschnitten, sehen sie sehr hübsch aus, wenn sie im Winter von Frost bereift sind. Sie halten dann oft bis zum folgenden Frühjahr, bevor sie endgültig zusammenfallen. Eine ungewöhnliche Möglichkeit, Samenstände, wie die von *Allium hollandicum* 'Purple Sensation', in Szene zu setzen, ist die Pflanzung in langen Reihen inmitten der Rabatte. Im Sommer blühen sie wunderschön und bilden dann im Herbst prachtvolle Samenstände.

Die höheren Fritillarien, Tulpen und einige Lilien bilden große Kapseln, die flache, leichte Samen enthalten. Diese werden vom Wind verweht, sobald die Samenhüllen sich öffnen. Diese Kapseln kann man auch abernten, wenn die Blätter sich braun färben, und so trocknen wie Zierlauch. Sie müssen jedoch alle Blätter zuvor entfernen.

Die eindrucksvollsten Samenkapseln bringt die asiatische Riesenlilie (*Cardiocrinum giganteum*) hervor. Sie sind groß und haben drei Seiten, die am Rand gezähnt sind und der Venusfliegenfalle ähneln. Die Zähne halten die Samen zurück, bis ein starker Wind sie weit genug forttragen kann. Getrocknete Samenkapseln dieser Lilie sind so robust und haltbar, dass die Überlegung, wie man sie staubfrei hält, das aufwendigste an ihrer Aufbewahrung ist.

Trockene Samenstände sind lange haltbar und können mit anderen Trockenblumen oder auch frischen Blumen zu Sträußen arrangiert werden – vorausgesetzt ihre Stiele stehen nicht im Wasser und faulen. Trockene Samenstände können auch mit Farben besprüht und als Dekorationsmaterial für Feste oder Bastelarbeiten für Kinder verwendet werden.

## AUSWAHL AN SAMENSTÄNDEN

*Allium christophii* (Sternkugellauch)
*Allium* 'Globemaster'
*Allium* x *hollandicum* 'Purple Sensation'
*Allium nigrum*
*Allium schubertii*
*Fritillaria* (alle Arten)
*Tulipa* (Tulpen; alle Sorten)

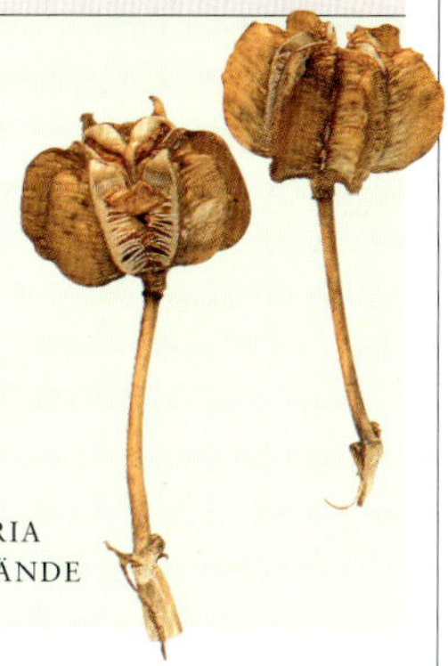

FRITILLARIA SAMENSTÄNDE

SAMENBILDUNG
*Manche Samenstände, wie die der Riesenlilie, können zum Trocknen im Garten verbleiben, bis man sie für Dekorationszwecke braucht. Die trockenen Kapseln und der hohle, bis zu 2 m hohe Stängel sind sehr robust.*

# ZWIEBELGEWÄCHSE MIT BLÄTTERN

DAS LAUB VON ZWIEBELPFLANZEN ist oft ihr größter Nachteil. Es dauert Wochen, bis die Blätter absterben, denn sie werden nur nach und nach unansehnlich gelb. Narzissen sind in dieser Hinsicht am meisten benachteiligt. Und zwar so sehr, dass man sogar Versuche gemacht hat, möglichst bald die Blätter zu entfernen, ohne die Blühfähigkeit zu beeinträchtigen. Andere Zwiebelgewächse wiederum bilden Blätter aus, die dauerhaft für einen schönen Anblick sorgen.

## BLÄTTERWALD

Blätter von Zwiebel- und Knollengewächsen lassen sich in drei Gruppen einteilen: Solche, die so unansehnlich sind, dass sie besser kaschiert werden (wie die der Narzissen); solche, die schön sind, aber in der Frühlingssonne so empfindlich, dass sie bald welken (z. B. die von Krokus und Lerchensporn); und eine dritte Gruppe an Blättern, die sehr dekorativ sind und dauerhaft einen schönen Anblick bieten (z. B. die der Alpenveilchen). Von Letzteren bilden manche ihre Blätter mit den Blüten aus als schöne Ergänzung, während andere – gewöhnlich Herbstblüher – ihr Laub erst im darauf folgenden Frühling entwickeln. Wann immer dies geschieht: Entfernen Sie die Blätter nicht, bevor sie sich gelb färben. Bei Narzissen ist

Blätter können ein auffallendes strukturelles Schauspiel bieten.

es zu empfehlen, die Blätter etwa sechs Wochen an der Pflanze zu lassen.

Die Kombination von Blatt und Blüte ist bei manchen Arten wirklich schön. Die Hundszahnlilie (*Erythronium californicum*) z. B. hat breite, oft gesprenkelte Blätter, die vor den Blüten erscheinen. Alle Alpenveilchen besitzen dekorative Blätter, besonders die herbstblühende Art *Cyclamen hederifolium* mit ihrem silbernen und grünen Laub, das über acht Monate hält. Tulpen werden kaum als Blattpflanzen betrachtet, aber manche tragen Blätter mit gewelltem Rand, andere sind gesprenkelt und einige wenige haben tatsächlich panaschierte Blätter. Die Dahlie 'Bishop of Llandaff' bildet ein sehr eindrucksvolles schwarz-rotes Laub aus, bevor die leuchtend roten Blüten erscheinen.

Andere Zwiebelpflanzen haben größere Blätter, die entweder eine feste Struktur besitzen – wie Montbretien und Gladiolen – oder entlang des Stängels symmetrisch angeordnet sind – wie manche Lilien und

GRÜNE SCHWERTER
*Die schwertförmigen Blätter der Hybrid-Montbretien sind sehr dekorativ und bleiben bis in den Herbst schön.*

## BLATTPFLANZEN

*Canna* (Blumenrohr)
*Cardiocrinum giganteum* (Riesenlilie)
*Erythronium californicum* (Hundszahnlilie)
*Erythronium revolutum*
*Fritillaria imperialis* (Kaiserkrone; alle Sorten)
*Lilium martagon*
*Lilium speciosum*
*Lilium superbum*
*Tulipa Kaufmanniana*-Gruppe
*Tulipa kolpakowskiana*
*Tulipa praestans* 'Unicum'

◄ GRÜNE STACHELN
*Die Kaiserkrone mit ihrem stattlichen Wuchs verleiht jeder Rabatte eine besondere Üppigkeit.*

▼ BLATTKOMPOSITIONEN
*Zwiebelpflanzen haben oft sehr schöne und unterschiedliche Blätter, die für die Blüten ein ergänzender Hintergrund sind.*

Fritillarien. Die hohen Gewächse verleihen dem Beet eine dramatische Struktur – Sie dürfen aber die Endhöhe nicht außer Acht.

Das nicht winterharte Blumenrohr trägt große, paddelförmige Blätter, die zu der stattlichen Höhe dieser Pflanze passen und als Mittelpunkt in einem Beet oder in großen Kübeln sehr gut aussehen. Lilien kommen besser zur Geltung, wenn sie zahlreich gepflanzt werden. Ihre Struktur verleihenden Blätter wirken inmitten einer Rabatte sehr eindrucksvoll, bevor die Blüten sich öffnen.

Wie verhält es sich mit dem Frühjahrslaub der Herbstblüher? Manche Gärtner beklagen eine übermäßige Blattbildung. Aber starker Laubwuchs bedeutet später auch eine üppige Blüte. Also erfreuen Sie sich an den glänzenden Blättern der Herbstzeitlosen, Nerinen und Belladonnenlilien. Sie werden erst im Frühsommer unansehnlich und dann von anderen Pflanzen verdeckt.

# ZWIEBELGEWÄCHSE FÜR TÖPFE

ZWIEBELPFLANZEN IN KÜBELN sind eine ideale Lösung für kleine Gärten, denn sie sorgen stets für leuchtende Farbtupfer. Töpfe, deren Pflanzen noch nicht in Blüte stehen, können außer Sichtweite platziert werden. Gefäße, wie etwa schmale Balkonkästen, lassen sich auf diese Weise gut nutzen, um Pflanzen zu ziehen – solange die Zwiebeln mit unbeschädigten Wurzeln herausgeholt werden. Dann können sie in einem Ersatzbeet weiter wachsen.

## AUSWAHL DER GEFÄßE

Es gibt eine erstaunlich große Vielfalt an Gefäßen für Pflanzen. Wichtig für Zwiebel- und Knollengewächse ist, dass sie eine ausreichende Tiefe brauchen: etwa das Zwei- oder Dreifache der Zwiebelhöhe zum Pflanzen und noch einmal mindestens diese Tiefe für die Wurzeln. Auch muss das Wasser rasch abfließen können; nachträglich in den Gefäßboden gebohrte Löcher schaffen notfalls Abhilfe. Denken Sie daran, dass Kunststofftöpfe leichter sind als Tongefäße – eine wichtige Überlegung, wenn Sie die Töpfe tragen wollen. Das Gewicht kann noch mehr reduziert werden, wenn man als Drainageschicht Styroporstücke verwendet.

Kunststoffgefäße können zudem in dekorativere Übertöpfe gestellt werden. Die Stärke beider Gefäße zusammen setzt die Verdunstung herab, so dass das Substrat kühl bleibt und der Wasserbedarf geringer ist. Verwenden Sie eine Einheitserde, das genügt den Ansprüchen der meisten Zwiebelpflanzen. Wenn die Blüte vorbei ist, wird weiterhin gegossen und gedüngt (z. B. flüssiger Tomatendünger), bis sich die Zwiebel für das folgende Jahr »regeneriert« hat. Bei Platzmangel können Sie die Töpfe mit den ruhenden Zwiebeln aufeinander stapeln, bis es Zeit wird, ihr Wachstum wieder anzuregen.

▲ FORM UND FARBE
*Die Tulpen bilden hier den Mittelpunkt. Sie bringen Höhe und Leuchtkraft in das Arrangement.*

◄ BEZAUBERNDE FRITILLARIEN
*Hier ist die* Fritillaria pallidiflora *der Glanzpunkt der Pflanzenkomposition.*

### Blüten das ganze Jahr hindurch

Topfgärten können für den, der an jedem Tag des Jahres Blüten haben will, eine Herausforderung sein. Am Anfang des Jahres begleiten Sie Krokusse, Schneeglanz, Traubenhyazinthen und Schneeglöckchen in den Frühling; diese werden dann von Frühlingsstern und kleinen Narzissen abgelöst. Im Sommer bieten die prächtigen Begonien der Multiflora-Gruppe ein langes Schauspiel. Die kleinen, winterharten Zwiebelpflanzen, wie Goldlauch (*Allium moly*) und Nickender Lauch (*A. cernuum*) sehen an der Seite der weißen Blüten des Nickenden Milchsterns (*Ornithogalum nutans*) und des Sterns von Bethlehem (*O. umbellatum*) sehr reizvoll aus. Wenn Sie genug Platz haben, pflanzen Sie Lilien. Sie sehen in Kübeln sehr gut aus und bilden einen tollen Hintergrund für jedes Arrangement.

Alle Alpenveilchen, auch die bedingt winterharten Zuchtformen, sind ausgezeichnete Topfpflanzen. Obwohl sie langsam wachsen, blühen sie schon sehr jung. Am besten gedeihen sie im Halbschatten und können Jahrzehnte überdauern, wenn sie gelegentlich umgetopft werden. Die kleinblütigen Dahlien sind kaum zu schlagen, was die Dichte der Blüten betrifft. Sie erscheinen von Sommer bis in den Herbst.

Im Winter bringen Schneeglöckchen,

> Plastiktöpfe können mit dekorativeren Übertöpfen verschönert werden

*Reticulata-Iris*, Elfenkrokus und Vorfrühlings-Alpenveilchen Farbe in den trübsten Tag.

Insgesamt bietet das Mikroklima an einer Mauer oder in einer kleinen Allee Kübelpflanzen einen guten Schutz vor extremen Temperaturen.

#### TOPFPFLANZEN

*Colchicum* (Herbstzeitlose)
*Crocus tommasinianus f. albus* (Elfenkrokus)
*Crocus tommasinianus* 'Ruby Giant'
*Cyclamen coum* (Vorfrühlings-Alpenveilchen)
*Dahlia* 'Fascination'
*Dahlia* 'Preston Park'
*Galanthus nivalis* (Schneeglöckchen; alle Sorten)
*Hyacinthus orientalis* (Hyazinthe; alle Sorten)
*Iris* 'Harmony'
*Iris* 'Katherine Hodgkin'
*Nerine undulata* (Nerine)

LEUCHTENDE DAHLIEN
*Im Spätherbst können Dahlien vor einem grünen Hintergrund platziert werden und so eine Rabatte beleben.*

# KÜBEL MIT ZWIEBELPFLANZEN FÜR RABATTEN

EINE GUTE MÖGLICHKEIT, eine Rabatte das ganze Jahr interessant zu gestalten, bieten Zwiebel- und Knollenpflanzen in Töpfen. Man kann sie an Stellen platzieren, die kahl wirken, wenn die erste üppige Blüte des Frühlings vorbei ist. So bringt man sofort Farbe in eine Rabatte.

## ZWIEBELN ZIEHEN

Für eine Gestaltung mit Zwiebelpflanzen in Kübeln braucht man große Töpfe, besonders für höhere Arten. Die Gefäße müssen nicht dekorativ sein, wenn sie eingegraben werden sollen; Kunststofftöpfe eignen sich gut.
Die Pflanzen benötigen einen Platz, an dem sie die meiste Zeit des Jahres verbringen können, wo sie gegossen und gedüngt werden, bis ihr großer Auftritt kommt. Manche Gärtner ziehen die Zwiebeln in Gitterkörben für Teiche, versenken sie in den Boden und tragen sie später an die Stelle, wo sie benötigt werden *(siehe S. 53)*. Diese Methode eignet sich für Frühlingsblüher gut, die niedrig sind. Sie hat den Vorteil, dass sich die Wurzeln unter dem Korb ausbreiten können und man weniger gießen muss.

## ZWIEBELN IN GEFÄSSE PFLANZEN

Setzen Sie ihre ausgewählten Zwiebeln in ein qualitativ hochwertiges Substrat ein. Die meisten Zwiebel- und Knollengewächse bevorzugen neutrale oder alkalische Erde, aber es gibt einige Waldpflanzen, wie z. B. Lilien und ihre Verwandte, die saure Bedingungen vorziehen. Prachtlilie (*Lilium speciosum*) und (*L. superbum*) brauchen ein kalkfreies Substrat und gedeihen in Rhododendronerde sehr gut. Diese Erde trocknet rascher als andere Substrate aus. Die Zwiebelpflanzen benötigen Gaben von Flüssigdünger während der ganzen Vegetationszeit.

TOPF-BEGONIEN
*Bei regelmäßigem Gießen und Düngen werden Begonien in versenkten Töpfen länger Blüten bilden als die, die direkt in die Rabatte gepflanzt werden.*

### GUTE LÜCKENFÜLLER

*Camassia cusickii* (Prärielilie)
*Camassia leichtlinii*
*Canna* 'Assaut' (Blumenrohr)
*Canna* 'President'
*Canna* 'Wyoming'
*Eucomis bicolor* (Schopflilie)
*Gladiolus* (Gladiolen; alle Sorten)
*Lilium speciosum var. rubrum* (Prachtlilie)
*Lilium superbum*
*Tulipa* (Tulpe; alle Sorten)

◄ LILIEN IN EINER RABATTE
*Sie zählen zu den schönsten Gewächsen, die man in eine Rabatte pflanzen kann. Lilien können separat kultiviert und gestützt werden, bevor man sie in ein sommerliches Beet einsetzt.*

▼ TULPENKÜBEL
*Tulpen eignen sich sehr gut für Topfkulturen und sorgen, wenn auch nur kurz, für eine Farbexplosion in jeder Frühlingsrabatte.*

### Auswahl von Gefäßen

Wenn Sie Plastiktöpfe verwenden, achten Sie darauf, dass diese keinen vorstehenden Rand haben. Dadurch werden Schnecken angelockt. Ein alter Eimer, besonders aus glattem Metall, eignet sich sehr gut als Pflanzgefäß zum Versenken. Bohren Sie Löcher in den Boden, damit das Wasser ablaufen kann. Welches Gefäß Sie auch verwenden: Bei hohen Pflanzen sollten Sie unauffällige Stützhilfen anbringen, schon

## Hohe Pflanzen brauchen Stützhilfe

bevor die Pflanzen wachsen. Je höher Zwiebelgewächse sind, umso eindrucksvoller sehen sie in einer Rabatte aus, vor allem im Sommer, wenn die Stauden ihre Endhöhen erreicht haben. Weiß blühende Arten, wie Sommerhyazinthen und manche Lilien, fallen vor einem Hintergrund aus dunklem Laub besonders auf. Rote und orangefarbene Zwiebelgewächse kommen vor graublättrigen Pflanzen gut zur Geltung. Kübel mit höheren Pflanzen müssen am Boden befestigt werden, damit der Wind sie nicht umwirft. Haken aus festem Draht, die an einem Ende in den Boden getrieben werden, bilden eine stabile Befestigung und können leicht kaschiert werden.

Eine andere Möglichkeit sind große Steine, die auf der Substratoberfläche platziert werden. Eine Gruppe von Kübeln kann auch zusammengebunden werden.

# DUFTENDE ZWIEBELGEWÄCHSE

DER DUFT DER BLÜTEN zählt zu den reizvollsten Eigenschaften von Blumen und kann zu jeder Jahreszeit herrlich sein. Im Winter sind Düfte kaum wahrzunehmen, da entweder die Blumen ihr Aroma nicht verströmen oder die Luft verhindert, dass es nach oben steigen kann. Pflücken Sie jedoch einzelne Blüten von Schneeglöckchen und stellen sie in einen warmen Raum, kann man die verschiedenen Duftnoten riechen.

## DÜFTE IM GARTEN

Die Kultur von Zwiebel- und Knollengewächsen im Hochbeet bringt aus verschiedenen Gründen Vorteile. Man ist den Blumen näher und damit auch ihrem Duft. Gerade süßlich duftende Zwiebelpflanzen sind oft ganz klein. Wenn Sie kein Hochbeet haben, sollten Sie solche Arten in der Nähe des Eingangs oder entlang der Wege pflanzen, wo man ihren Duft jederzeit genießen kann. Manche heimischen Zwiebelpflanzen duften sehr stark, wie z. B. die Waldhyazinthe, die im Frühjahr Waldränder überzieht. Ebenso der Bärlauch (*Allium Ursinum*), der die feuchte Waldluft mit beißendem Knoblauchduft erfüllen kann. Die meisten Düfte sind jedoch viel feiner, und Sie nehmen sie erst dann wahr, wenn Sie einen Arm voll Blumen nach Hause gebracht haben. Der Duft der Jonquille (*Narcissus jonquilla*) kann in einem kleinen Raum überwältigend sein.

Im warmen Zimmer können die Blüten ihren Duft ganz entfalten

Wenn Ihre Zwiebelpflanzen zum ersten Mal blühen, versuchen Sie, den Duft zu bestimmen. Er muss nicht immer angenehm sein. Manche Zwiebeln, wie die Fritillarien,

LILIENDUFT
*Lilien sind berühmt für ihren Duft. Doch seien Sie vorsichtig, denn ihr Blütenstaub verursacht Flecken auf der Kleidung.*

## DUFTPFLANZEN

*Crocus* (alle Arten)
*Gladiolus tristis* (Gladiole)
*Hyacinthus orientalis* (Hyazinthe; alle Sorten)
*Iris* 'Cantab'
*Iris* 'Joyce'
*Muscari macrocarpum* (Gelbe Traubenhyazinthe)
*Tulipa* (Tulpe; viele, aber nicht alle duftend)

BETÖRENDE HYAZINTHEN
*Der Duft der Hyazinthen ist an einem warmen Tag besonders deutlich wahrzunehmen.*

riechen wie Bleichmittel, während Kaiserkronen (*Fritillaria imperialis*) einen unangenehmen Raubtiergeruch verströmen, wenn man die Blätter zerreibt oder die Zwiebel zerdrückt. Während der warmen, stillen Sommerabende vermischen sich diese Gerüche mit denen, die nachts freigesetzt werden. Der Duft anderer Pflanzen, wie Geißblatt (*Lonicera*) und Levkojen (*Matthiola),* ist jetzt neben dem der kleinen, cremefarbenen *Gladiolus tristis* wahrzunehmen, die wie alle anderen auch nur versucht, die Nachtfalter als Bestäuber anzulocken.

### Düfte im Wohnzimmer

Wenn Sie Zwiebelpflanzen im Haus oder Wintergarten ziehen, können Sie sich an ihrem Aroma auch im Wohnzimmer erfreuen. Hyazinthen beispielsweise haben einen berauschenden Duft, der den Raum tagelang erfüllt. Es gibt überraschend viele duftende Zwiebelpflanzen, die als Schnittblumen geeignet sind. Traubenhyazinthen *Muscari* sind sehr erfrischend, Tulpen können sehr würzig riechen und viele Alpenveilchen duften süßlich. Experimentieren Sie! Die winterlichen Blüten werden Sie mit ihrem unerwarteten Duft, den sie in der warmen Luft entwickeln, überraschen.

DUFTENDE NARZISSEN
*Manche Narzissen, wie die Narcissus* 'Pipit', *haben einen lieblichen, zarten Duft.*

# ZWIEBEL- UND KNOLLENPFLANZEN VERWILDERN

AUF WIESEN UND IN LICHTEN WÄLDERN wild wachsende Zwiebelgewächse bieten einen der atemberaubendsten Anblicke überhaupt. Wenn auch nicht in gleicher Größenordnung, können Sie doch eine ähnliche Wirkung unter jedem sommergrünen Baum erzielen. Aber schauen Sie sich vorher in Nachbargärten und nahe gelegenen Wäldern um, was regional am besten gedeiht.

## VORBEREITUNG

Das Verwildern von Zwiebelpflanzen erfordert einige Vorbereitungen. Vor dem Einsetzen der Zwiebel im Herbst müssen alle Pflanzen mit Pfahlwurzeln, wie z. B. Löwenzahn, entfernt und der Rasen geschnitten werden. Wenn Sie eine kleine Fläche bepflanzen, sollten die Blumen nach ihrer Höhe geordnet werden, damit niedrigere Arten nicht unter dem schlaffen Laub der Narzissen ersticken. Normalerweise sieht aber eine Pflanzung aufs Geratewohl am natürlichsten aus. Um diese Wirkung zu erzielen, streuen manche Leute die Zwiebeln großzügig über die Fläche und pflanzen sie dort ein, wo sie gerade hingefallen sind. Ein Zwiebelpflanzer ist eine praktische Hilfe, aber für großflächigere Pflanzungen sollten Sie die Löcher mit einem Spaten ausheben.

Bei waldähnlichen Bepflanzungen – das kann unter einem einzelnen sommergrünen Baum sein, in der Regel eine schattige Stelle, auf der kein Gras wächst – muss jedes vorhandene Gras vor der Pflanzung unbedingt entfernt werden. Hier können Sie nur Schatten liebende Zwiebelpflanzen des Waldes einsetzen, die blühen, bevor das Blätterdach dicht wächst.

## AUSWAHL DER ZWIEBELN

Eine Auswahl an Wildarten hat einen ganz gewissen Charme und könnte sich aus

TEPPICH AUS WALDHYAZINTHEN
*Diese Fülle von Waldhyazinthen ist ein herrlicher Anblick und verströmt einen angenehmen Duft. Die blauen Blumen überziehen im Frühjahr zu Tausenden Wiesen und Wälder.*

## VERWILDERN

WIESE

*Colchicum* (Zeitlose)

*Fritillaria meleagris* (Schachblume)

*Galanthus* (Schneeglöckchen)

*Leucojum aestivum* (Sommerknotenblume)

*Leucojum vernum* (Märzenbecher)

*Narzissus*

*Ornithogalum* (Milchstern)

WALD

*Anemone nemorosa* (Buschwindröschen)

*Cyclamen coum* (Vorfrühlings-Alpenveilchen)

*Galanthus*

*Hyacinthoides non-scripta* (Waldhyazinthe)

*Lilium*

*Muscari* (Traubenhyazinthen)

*Scilla* (Blaustern)

▲ NARZISSENWALD

*Narzissen sehen am besten in lichten Wäldern und auf offenen Wiesen aus, wo sie sich den Bedingungen der Natur anpassen.*

► FRÜHLINGSWIESE

*Eine Mischung aus verschiedenen Zwiebelpflanzen sieht im Frühjahr sehr hübsch aus. Das Gras kann im Sommer gemäht werden, ohne die Zwiebeln zu beschädigen.*

Osterglocke (*Narcissus pseudonarcissus*), Schachblume (*Fritillaria meleagris*), Schneeglöckchen (*Galanthus nivalis*) und einer Orchidee wie das Kleine Knabenkraut (*Orchis morio*) zusammensetzen. Mehr Farbe bringen Blausternchen, Tulpen, Krokusse, Milchsterne, Winterlinge (*Eranthis*) und Knotenblumen (*Leucojum*). Zum Verwildern für den Herbst eignen sich Herbstzeitlose und herbstblühende Krokusse, wie *Crocus nudiflorans*, *C. ochroleucus*, *C. medius* und *C. speciosus*, die alle in niedrigem Gras wachsen.

Der Waldgarten bietet die Möglichkeit, mit zahlreichen Schatten liebenden Zwiebelgewächsen aus der ganzen Welt zu experimentieren. Aber denken Sie daran, dass sich exotische Zwiebeln zum Verwildern in heimischen Waldlandschaften oft nicht eignen. Lilien wachsen über weite Flächen und sehen sehr natürlich aus. Es gibt jetzt Züchtungen des kleinen Buschwindröschens (*Anemone nemorosa*), so dass eine große Vielfalt an dunkleren Farbtönen erhältlich ist. Zahlreiche Blaustern- und Traubenhyazinthenarten sehen in Waldlandschaften ebenfalls sehr natürlich aus und sollten am besten in großen Gruppen gepflanzt werden. Die Blumenbüschel werden sich durch Selbstaussaat ausbreiten und allmählich ganz wild wachsen.

# FARBSPIELE MIT ZWIEBELGEWÄCHSEN

DIE FARBGESTALTUNG im Garten muss geplant werden, und man sollte sich im klaren darüber sein, welche Wirkungen damit zu erzielen sind. Farben aus den gegenüberliegenden Segmenten des Farbkreises dürften am dramatischsten wirken. Wenn Sie Farben aus angrenzenden Segmenten wählen, werden Sie feinere Kombinationen erreichen.

FARBKREIS

## WARME FARBEN

Warme Farben sind jene im roten Bereich des Spektrums. Sie sind intensiv und lebhaft und lassen Rabatten kürzer aussehen, weil sie näher zu sein scheinen. Pflanzen mit kräftigen und lanzettlichen Blättern können die Wirkung der warmen Farben dämpfen und zusätzlich für ein exotisches Gefühl sorgen. Ein Beet dieser Art sollte am besten einen sonnigen Platz bekommen und neben Stauden gepflanzt werden. Dort können die Zwiebelgewächse Höhe und interessante Farben einbringen. Man sollte sie eher in großen Farbgruppen denn als einzelne leuchtende Flecke einsetzen.

Warme Farben findet man hauptsächlich bei Zwiebelpflanzen, die im Spätfrühling und Sommer blühen und mittelhoch oder hoch sind, wie z. B. Tulpen, Montbretien, Blumenrohr und manche Anemonen. In wärmeren Regionen, wo die Sonnenstrahlen intensiver sind, scheinen kräftige, glühende Farben weniger grell zu wirken. Kühle Pastellfarben hingegen erscheinen unter leuchtender Sonne blass und ausgewaschen. In Gärten kühlerer Regionen sehen sie lebhaft aus. Probieren Sie verschiedene Pflanzungen aus. Notfalls können Zwiebelgewächse zu jeder Jahreszeit umgesetzt werden; auch wenn sie zunächst nicht blühen, werden sie überleben.

SONNIGES GELB
*Die Pflanzung einer kräftigeren Farbe wie Gelb muss wohl überlegt sein, kann aber eine tolle Wirkung erzielen.*

### ZWIEBELGEWÄCHSE IN FEURIGEN FARBEN

*Anemone* × *fulgens*
*Anemone pavonina*
*Canna* 'Assaut'
*Canna* 'King Midas'
*Crocosmia* × *crocosmiflora* 'Emily McKanzie'
*Crocosmia* × *crocosmiflora* 'Star of the East'
*Crocosmia latifolia* 'Lucifer'
*Dahlia* 'Bishop of Llandaff'
*Dahlia* 'Doris Day'
*Dahlia* 'Murilo'
*Lilium pomponium*
*Lilium pumilium*
*Tulipa* 'Apeldoorn'
*Tulipa* 'Apeldoorn's Elite'
*Tulipa linifolia*
*Tulipa* 'Orange Bouquet'
*Tulipa praestans* 'Fusilier'
*Tulipa* 'Red Riding Hood'

◀ ROSAROT
*Das kräftige Rot der Montbretien kann durch einen Rosaton, wie den der Verbenen, gedämpft werden.*

▼ EIN BLÜTENBETT IN ORANGE
*Wenn Sie ein Farbmuster planen, achten Sie darauf, dass die Blütezeit der verschiedenen Zwiebelgewächse übereinstimmt.*

## Kühle Farben

Besonders Englische Gärten sind berühmt für ihre Gestaltung mit kühlen Farben, die zum Klima und den Lichtverhältnissen hervorragend passen. Hier können Weiß, Blassblau, Rosa und sogar Blassgelb ein ruhiges und hübsches Bild bieten.

Im Winter sind die Zwiebelgewächse oft die ersten, die für Farbe sorgen. Schneeglöckchen und weiße sowie blassrosa Formen des Alpenveilchens bilden an den kürzesten Tagen des Jahres einen kühlen Hintergrund. Im Frühling gibt es eine große Auswahl an weißen und blassblauen Blausternen (*Scilla*), Traubenhyazinthen (*Muscari*), Hundszahnlilien (*Erythronium*), Krokussen, Narzissen und Puschkinien. Diese Zwiebelgewächse kommen am besten zur Geltung, wenn sie zwischen andere Pflanzen wie Lungenkraut (*Pulmonaria*) und Christrosen (*Helleborus niger*) sowie kleine Sträucher wie Seidelbast (*Daphne mezereum f. alba*) eingestreut werden. Blassgelb ist die *Fritillaria pallidiflora*, mit großen, hängenden Glocken, die von hübschem Laub umsäumt werden. Die weiße Schachblume sieht am schönsten aus, wenn sie inmitten einer Frühlingsbepflanzung verstreut vorkommt.

> Kühlere Farben wirken am besten in Regionen mit geringer Lichtintensität

Während des Sommers kann im Garten, besonders an heißen Tagen, die Illusion von Kühle sehr willkommen sein. In dieser Zeit kann es die Riesenlilie (*Cardiocrinum giganteum*) mit ihren kräftigen, bis zu 2 m hohen Stängeln, die große, duftende, trompetenförmige Blüten tragen, mit jeder anderen Pflanze aufnehmen.

Sehr wenig Platz beansprucht der kugelige Zierlauch, dessen blattlose Stängel von einem Büschel weißer Blüten gekrönt werden. Weitere, meist mittelgroße bis hohe, für sommerliche Bepflanzungen geeignete Zwiebelgewächse, sind Milchstern (*Ornithogalum*), Prärielilie (*Camassia*), Sommerhyazinthe (*Galtonia*), Knotenblume (*Leucojum*) und die Lilie.

Es gibt viele berühmte helle Gärten, die sich im Sommer von ihrer besten Seite zeigen. In diesen Gärten werden regelmäßig neue Pflanzideen ausprobiert, von denen Sie sich inspirieren lassen sollten.

BLAUE TRAUBENHYAZINTHEN
*Wenn Traubenhyazinthen dicht gepflanzt wachsen, entsteht ein intensives blaues Leuchten. Die dichten Blätter bilden später eine Bodendeckung, die das Wachstum von Unkraut unterdrückt.*

## KÜHLE FARBEN

*Allium* 'Mount Everest'
*Camassia cusickii*
*Crocus siberi* 'Albus'
*Cyclamen hederifolium f. albiflorum*
*Galanthus plicatus*
*Galtonia candicans*
*Narcissus* 'Thalia'
*Ornithogalum narbonense*
*Ornithogalum nutans*
*Tulipa* 'Purissima'

◄ KÜHL UND FRISCH
*Durch das Mischen der Farben rosa und blau ist ein Teppich aus Pastelltönen entstanden, der die frisch grünen Blätter eines Ahorns zum Leuchten bringt.*

▼ BLAUTÖNE DES HERBSTES
*Der echte Herbstkrokus* Crocus speciosus *'Oxonian' blüht ohne Blätter und kann sowohl in der Sonne als auch in lichtem Schatten wachsen.*

Im Herbst ist das Licht das Reizvollste im dunkler werdenden Jahr. Die kühlen Farben intensivieren die gedämpften Töne des Vergilbens und Verfalls. Probieren Sie einmal eine der attraktivsten und anmutigsten Zwiebelpflanzen des ganzen Jahres aus – *Colchicum speciosum* 'Album', eine dicke, milchweiße, kelchförmige Blüte auf hellgrünem Stängel. Wie die meisten Herbstzeitlosen blüht auch diese ohne Blätter: Letztere erscheinen erst im darauf folgenden Frühjahr. Eine weitere klassische Herbstpflanze ist die weiße und winterharte Form des gewöhnlich rosafarbenen Efeublättrigen Alpenveilchens (*Cyclamen hederifolium*).

# FORM UND STRUKTUR

ZWIEBEL UND KNOLLENGEWÄCHSE bringen eine ausgewogene Form in Rabatten und Kübel. Sträucher und Bäume brauchen eine lange Zeit, bis sie ausgewachsen sind und die gewünschte Wirkung erzielen. Zwiebeln jedoch blühen bereits im ersten Jahr und wachsen im Laufe der Zeit nicht höher. Sie können sich auf natürliche Weise ausbreiten. Wenn Sie das nicht möchten, graben Sie während der Vegetationsruhe die Zwiebeln aus und setzen Sie sie um.

## JAHRESZEITEN

Im Gegensatz zu den relativ niedrigen winter- und frühlingsblühenden Zwiebeln sind Arten, die später blühen, meist höher und zeigen mehr Vielfalt an Farbe und Form. Auch die Blätter haben oft attraktivere Strukturen und Farbgebungen.

Viele Monate nach der Blüte und Samenbildung tragen z. B. die beiden Alpenveilchen *Cylamen coum* und *C. hederifolium* noch dekoratives Laub. Das kann sich im Laufe der Jahre so dicht entwickeln und so eine feste Bodendeckung bilden, dass es das Wachstum von Unkraut verhindert. Die Farbe der Blätter variiert von einfachem Grün bis zu Grün mit silberner Zeichnung oder einfachem Silber. Auch wenn sie im Herbst wochenlang Blüten haben, denen im Winter und Frühjahr noch mehr folgen, lassen Sie sich nicht dazu verleiten, diese beiden Arten zusammenzupflanzen.

> Zwiebelpflanzen können streng vertikale Linien in eine Rabatte bringen

*C. hederifolium* würde *C. coum* mit seinem üppigen Laub ersticken.

Das frische Laub der meisten Hundszahnlilien (*Erythronium*) ist silbern oder schoko-

ZIERLAUCH BRINGT STRUKTUR

*Der Zierlauch mit seinen einzigartigen kugeligen Blütenköpfen bringt im Sommer Farbe und im Herbst Struktur. Die Pflanze bevorzugt Sonne und ist so kräftig, dass sie keine Stützhilfe braucht.*

STATTLICHES BLUMENROHR
*Blumenrohr sorgt für strenge Form und Farbe. Auch wenn die Pflanze nicht winterhart ist, wächst sie im Frühjahr sehr schnell und ist in einer sommerlichen Rabatte ein attraktiver Blickfang.*

## STRUKTUR

*Allium christophii*
*Allium x hollandicum*
*Cardiocrinum giganteum*
*Crocosmia*
*Fritillaria imperialis*
*Lilium martagon*
*Lilium superbum*

ladenbraun gesprenkelt, ähnlich wie das der Greigii-Hybride 'Red Riding Hood' (Tulpe). Berücksichtigen Sie die Form, die Büschel und das Leuchten des frischen Laubs. Häufig beachten wir nur die Blüten, doch die Blätter einer Pflanze eröffnen noch zusätzliche Dimensionen.

Denken Sie auch daran, dass die Blütenstiele ganz kahl sind und noch lange nach der Blüte eine streng vertikale Gestaltung in den Garten bringen können. Zierlauch, manche Fritillarien und die Riesenlilie haben eine ähnliche Wirkung.

Bei der Pflanzung sollten Sie auch die Gesamtwirkung berücksichtigen. Die Endhöhe und die Ausbreitung sind wichtig sowie der Eindruck, den der Garten zu anderen Jahreszeiten vermittelt. Große Zwiebelpflanzen, wie Blumenrohr, Lilien und Fritillarien, sind ausgefallen genug, um in einem gemischten Beet zur Geltung zu kommen, da sie nach der Blütenbildung rasch ihr Sommerlaub entwickeln.

Die formale Struktur einer streng gestutzten Buchsbaumhecke, nimmt an Beliebtheit immer mehr zu. Diese Bepflanzung weist gewöhnlich geometrische Muster auf, in die Zwiebelgewächse gepflanzt werden, um in Farbe, Höhe oder Form Akzente zu setzen. Beachten Sie die Höhe der Hecke, wenn Sie niedrige Zwiebelpflanzen, wie Traubenhyazinthen und Narzissen, ausgewählt haben *(siehe S. 44-45)*.

# PFLANZPLÄNE FÜR ZWIEBELGEWÄCHSE

## EINEN PFLANZPLAN KONZIPIEREN

DIE VIELSEITIGKEIT VON Zwiebel- und Knollengewächsen kann einem neu angelegten Garten innerhalb eines Jahres Stil und Reife verleihen. In älteren Anlagen können sie rasch für Farbe und Form sorgen. Die hier vorgestellten Pläne zeigen nicht nur die traditionelle Frühjahrspflanzung, sondern bringen auch neue Ideen für sommer- und herbstblühende Zwiebelgewächse, die oft vernachlässigt werden. Zu welcher Jahreszeit auch immer: Mit Zwiebelpflanzen können Sie Farbe und Struktur Ihres Gartens aktiv gestalten.

## TRENDS IM GARTENDESIGN

Es entwickeln sich immer neue Gartentrends. Neue Sorten und Vermehrungsmethoden bieten dem Gärtner eine immer größere Auswahl zu vernünftigen Preisen. Vor einigen Jahren zum Beispiel war eine einzige Zwiebel des herrlichen Frühlingsblühers *Crocus sieberi* 'Albus' unerschwinglich. Heute hat sie einen angemessenen Preis und ist im Gartenfachhandel erhältlich.

Viele Blumenschauen sorgen mit ihren avantgardistischen Kreationen und neuen Pflanzideen für Aufregung. Zwiebelgewächse spielen darin eine bedeutende Rolle, weil sie als strukturelle Elemente und Farbgestalter eingesetzt werden, um den Blick zu lenken. Der Hobbygärtner kann Teile dieser Ideen nachahmen und sie in verschiedene Gartenformen integrieren.

LEBHAFTE FARBEN *Die orangegelbe Lilie* Lilium pyrenaicum *und die grünkrautige Erbse* Lathyrus aureus *bilden einen intensiven Kontrast zu den dichten blauen Blüten der immergrünen Säckelblume. Lilien und Erbsen wachsen auf der Schattenseite des Strauchs, so dass ihre Farbenpracht länger anhält und in der Sonne nicht ausbleicht.*

◄ ZIERLAUCH *wird durch das rötliche Laub des Purpurglöckchens sehr hübsch hervorgehoben.*

# Ein Frühlingsbeet

Ein Beet, das so bepflanzt wurde, dass es seinen Höhepunkt im Frühling erreicht, zählt zu den Glanzpunkten im Garten. Hier wurden traditionelle Zwiebelgewächse zwischen hauptsächlich strauchige Pflanzen gesetzt, die auch das restliche Jahr über gut aussehen. Stauden wie Funkien und Gräser können gepflanzt werden, um kahle Stellen zu bedecken, die vergilbende Zwiebelgewächse allmählich hinterlassen.

## PFLANZPLAN

1 *Helleborus × hybridus*, 45cm hoch
2 *Pulmonaria* 'Lewis Palmer', 35cm hoch
3 *Phormium tenax*, 4m hoch
4 *Tulipa* 'Queen of Night', 60cm hoch
5 *Fritillaria meleagris*, 30cm hoch
6 *Fritillaria persica* 'Adiyaman', 1,5m hoch
7 *Chimonanthus praecox*, 4m hoch
8 *Erythronium* 'Pagoda', 15–35cm hoch
9 *Sarcococca confusa*, 2m hoch
10 *Narcissus* 'Thalia', 35cm hoch
11 *Chionodoxa luciliae*, 15cm hoch
12 *Ornithogalum nutans*, 20–60cm hoch
13 *Crocus chrysanthus* 'Blue Pearl', 7cm hoch
14 *Sorbus reducta*, 1–1,5m hoch
15 *Galanthus plicatus* subsp. *byzantinus*, 20cm hoch
16 *Tulipa praestans* 'Fusilier', 30cm hoch
17 *Iris reticulata* 'J.S. Dijt', 10–15cm hoch
18 *Oxalis adenophylla*, 10cm hoch
19 *Iris* 'Harmony', 10–15cm hoch
20 *Muscari azureum*, 10cm hoch
21 *Daphne alpina*, 60cm hoch
22 *Erythronium dens-canis*, 10–15cm hoch

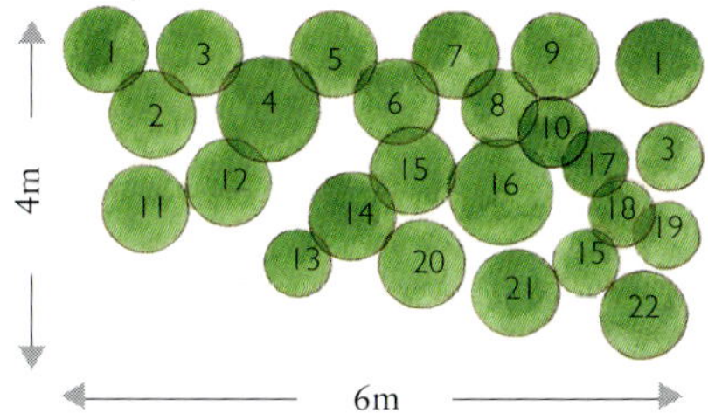


## ALTERNATIVEN

**HOCH** (über 90cm)
*Fritillaria imperialis* (Kaiserkrone)

**MITTELHOCH** (30–90cm)
*Narcissus* 'February Gold'
*Narcissus* 'Jetfire'
*Tulipa* 'Queen of Sheba'

**NIEDRIG** (unter 30cm)
*Muscari latifolium* (Breitblättrige Traubenhyazinthe)
*Narcissus* 'Jack Snipe'
*Scilla bifolia* (Sternhyazinthe)

*Sarcococca confusa* (Fleischbeere) ist ein kleiner, immergrüner Busch mit duftenden Blüten.

*Narcissus* **'Thalia'** ist eine blasse Schönheit von hervorragendem Wuchs und ein Gartenjuwel, das viele Jahre Freude bereiten wird.

*Iris reticulata* **'J.S. Dijt'** ist eine zuverlässige Pflanze für kältere Gebiete. Im Vorfrühling trägt sie purpurne Blüten.

*Oxalis adenophylla* (Sauerklee) ist eine winzige Pflanze aus Südamerika, die nicht wuchert. In sonnigen Lagen fühlt sie sich am wohlsten.

*Tulipa praestans* **'Fusilier'** ist eine Schönheit aus Asien mit zahlreichen roten Blüten auf jedem Stiel.

*Daphne alpina* (Alpenseidelbast) ist ein sommergrüner Strauch mit duftenden, weißen Blüten.

*Galanthus plicatus* **subsp.** *byzantinus* ist ein zartes, breitblättriges Schneeglöckchen, das in der Sonne und im Schatten gut gedeiht.

*Iris* **'Harmony'** bildet früh Blüten, die jedem Wetter widerstehen und weiterblühen.

*ERYTHRONIUM DENS-CANIS*
*Die Hundszahnlilie ist der einzige europäische Vertreter dieser Gattung. Die Blätter sind ein dekorativer Bodendecker.*

# Ein Sommerbeet

In diesem Sommerbeet dominieren zwar die Zwiebelgewächse, sie bekommen aber Unterstützung durch andere Stauden und Gehölze, die die Gestaltung auch in der restlichen Zeit des Jahres interessant aussehen lassen. Der dunkle Hintergrund aus einer Eibenhecke hebt die Bepflanzung noch hervor. Sommerzwiebeln sind meist hoch und schlank und beanspruchen in der Breite nicht viel Platz. Das ermöglicht auch dem Gärtner mit wenig Fläche eine interessante Vielfalt zu kultivieren, ohne dass dabei alles überwuchert.

***Ceratostigma willmottianum*** ist ein Strauch, der im Herbst mit Unmengen von blauen Blüten toll aussieht. Der Spätentwickler kaschiert das Laub der Zwiebelgewächse.

***Allium hollandicum*** ist ein hoher Zierlauch, dessen Sorte 'Purple Sensation' von einem sehr eindrucksvollen Dunkelpurpur ist.

***Euonymus fortunei*** (Kriechspindel) ist ein ausgezeichneter und pflegeleichter immergrüner Strauch, der so hoch und breit wie erforderlich geschnitten werden kann.

***Daphne bholua*** (Seidelbast) schmückt das Beet im Winter, ist aber ein kleiner Strauch mit hübsch glänzenden, spitzen Blättern im Sommer.

***Crinum* × *powellii*** (Hakenlilie) ist eine elegante Pflanze mit überhängenden Blättern und rosa Blüten in Trompetenform, die den ganzen Sommer über erscheinen.

***Genista lydia*** (Lydischer Ginster) ist ein leichter, überhängender Strauch, der im Spätfrühling blüht. Die hohen Zwiebelgewächse können durch ihn hindurchwachsen.

***Salvia patens*** (Salbei) ist eine reich blühende Staude, die sich gut für die Mitte einer Rabatte eignet.

***Allium moly*** (Goldlauch) ist eine sehr gute Wahl für den Beetrand. Sie liebt die Sonne.

*ALLIUM CRISTOPHII*
*Der Sternkugellauch ist eine pflegeleichte und anspruchslose Art mit hellpurpurnen Blüten. Neue Pflanzen entwickeln sich sehr zahlreich durch Selbstaussaat.*

***Allium cernuum*** (Nickender Lauch) in leuchtendem Purpurrot mit schmalen Blättern

## PFLANZPLAN

1 *Crinum* × *powellii*, bis zu 1,5m hoch
2 *Genista lydia*, 60cm hoch
3 *Galtonia candicans*, 1–1,2m hoch
4 *Allium hollandicum*, 1m hoch
5 *Euonymus fortunei*, 60cm hoch
6 *Daphne bholua*, 2–4m hoch
7 *Cardiocrinum giganteum*, 1,5–4m hoch
8 *Camassia cusickii*, 60–80cm hoch
9 *Allium moly*, 15–25cm hoch
10 *Salvia patens*, 45–60cm hoch
11 *Ceratostigma willmottianum*, 1m hoch
12 *Allium cristophii*, 30–60cm hoch
13 *Crocosmia* × *crocosmiiflora* 'Dusky Maiden', 60–90cm hoch
14 *Allium cernuum*, 30–60cm hoch
15 *Callistephus chinensis* 'Milady Mixed', 30cm hoch
16 *Sedum spectabile*, 5–60cm hoch
17 *Taxus baccata*, 10–20m hoch

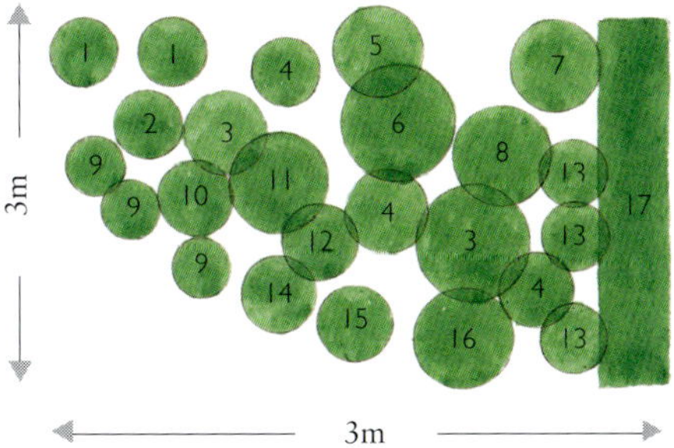

*Cardiocrinum giganteum* (Riesenlilie) ist die eindrucksvollste aller sommerblühenden Zwiebelgewächse. Pflanzen sie mehrere, damit jedes Jahr mindestens eine oder zwei blühen.

*Taxus baccata* (Gewöhnliche Eibe) eignet sich für Hecken, die einen ausgezeichneten Hintergrund für jede Rabatte bilden. Sie ist durch Schnitt leicht in Grenzen zu halten.

*Camassia cusickii* (Prärielielie) kann im ganzen Beet gepflanzt werden und vermehrt sich durch Selbstaussaat.

*Galtonia candicans* (Sommerhyazinthe) ist eine anmutige Zwiebelpflanze mit weißen Blüten, die lange Zeit erscheinen.

*Crocosmia* × *crocosmiiflora* 'Dusky Maiden' (Montbretie) hat hübsches dunkles Laub und orangefarbene Blüten. Die extrem winterharte Pflanze bleibt in praller Sonne niedrig.

*Callistephus chinensis* 'Milady Mixed' (Sommeraster) ist eine niedrige, einjährige Pflanze mit asterähnlichen Blüten in verschiedenen Farben. Sie verträgt Trockenheit.

*Sedum spectabile* (Purpurfetthenne) ist eine im Spätsommer blühende Staude mit dekorativem Laub und großen, flachen Blütenköpfen, die Bienen anlocken.

## ALTERNATIVEN

HOCH (über 90cm)
*Crocosmia* 'Lucifer' (Montbretie)
*Lilium martagon* (Türkenbundlilie)
*Lilium regale* (Milchstern)

MITTELHOCH (30–90cm)
*Gladiolus communis* subsp. *byzantinus* (Gladiole)
*Lilium* 'Roter Kardinal'
*Ornithogalum pyrenaicum*

NIEDRIG (unter 30cm)
*Allium insubricum*
*Allium oreophilum*

# Ein Herbstbeet

Ein hübscher, fast unerwarteter Vorteil eines herbstlichen Beetes mit Zwiebelpflanzen ist, dass diese in einen verblühenden Sommergarten frische Blüten bringen. Zusammen mit den Zwiebeln können kleine Sträucher, die im Frühjahr und Sommer blühen, gepflanzt werden, damit das Beet im Spätherbst interessant wirkt. Einige dieser Zwiebelpflanzen tragen im Frühling dekoratives Laub, besonders Alpenveilchen mit ihren silbern geäderten, efeuförmigen Blättern, die für mehrere Monate eine dichte Bodendeckung bilden.

## PFLANZPLAN

1 *Amaryllis belladonna*, 60cm hoch
2 *Crocus speciosus* 'Oxonian', 10–15cm hoch
3 *Colchicum speciosum* 'Album', 18cm hoch
4 *Festuca glauca*, 30cm hoch
5 *Perovskia* 'Blue Spire', 1,2m hoch
6 *Sternbergia lutea*, 15cm hoch
7 *Colchicum* 'Waterlily', 12cm hoch
8 *Cyclamen hederifolium*, 10–13cm hoch
9 *Eucomis bicolor*, 30–60cm hoch
10 *Nerine bowdenii*, 45cm hoch

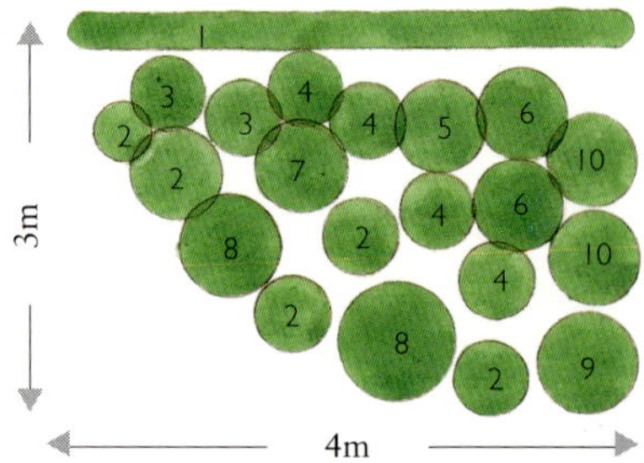

*Perovskia* **'Blue Spire'** sollte jedes Frühjahr bis zu einem Grundgerüst zurückgeschnitten werden, um im Herbst zu einem kompakten und reich blühenden Strauch zu wachsen.

***Colchicum speciosum* 'Album'** (Zeitlose) hat schöne kelchförmige Blüten. Sie gedeiht am besten in der Sonne und in einem durchlässigen, nährstoffreichen Boden.

COLCHICUM 'WATERLILY' *bildet Unmengen von gefüllten Blüten in einem grellen Rosa. Sie blüht spät im Jahr.*

AMARYLLIS BELLADONNA
*Die hohen Stängel der Belladonnalilie tragen trichterförmige Blüten in Rosa, die infolge der schweren Regenfälle im Spätsommer schnell aufblühen.*

## ALTERNATIVEN

HOCH (über 90cm)
*Eucomis pole-evansii* (Schopflilie)
*Lilium formosanum*
*Lilium speciosum* var. *rubrum* (Prachtlilie)

MITTELHOCH (30–90cm)
*Colchicum* 'Pink Goblet' (Zeitlose)
*Colchicum speciosum*
*Nerine bowdenii* 'Alba'

NIEDRIG (unter 30cm)
*Crocus kotschyanus* (Krokus)
*Crocus ochroleucus*
*Cyclamen cilicium*

STERNBERGIA LUTEA
*Der Goldkrokus bildet intensiv gelbe Kelche – eine ungewöhnliche Farbe für eine herbstblühende Zwiebelpflanze. Er gedeiht bei voller Sonne.*

***Nerine bowdenii*** blüht am besten an trockenen, sonnigen Plätzen, die von anderen Pflanzen gemieden werden.

***Eucomis bicolor*** (Schopflilie) ist eine große Zwiebelpflanze aus Südamerika, die im Spätsommer blüht. Sie gedeiht am besten in gut gedüngten Böden in sonniger Lage. Die dickwandigen Blätter wachsen den ganzen Sommer und brauchen bei Dürre Wasser. Die dekorativen Samenkapseln können abgeschnitten werden, wenn man die Samen nicht benötigt.

***Crocus speciosus* 'Oxonian'** (Prachtkrokus) ist eine dunkelviolette Art, die in Gruppen gepflanzt am besten wirkt.

***Festuca glauca*** (Blauschwingel) ist ein dekoratives, immergrünes Gras, das einfach zu kultivieren ist. Durch Ausläufer oder Selbstaussaat kann es aber auch zur Plage werden.

***Cyclamen hederifolium*** (Efeublättriges Alpenveilchen) stammt aus dem Mittelmeergebiet, ist aber völlig winterhart und in gemäßigten Gärten heimisch.

# Ein Winterbeet

Es gibt überraschend viele winterblühende Zwiebelgewächse. Ein Inselbeet wie dieses sollte am besten in der Nähe eines gepflasterten Weges liegen, damit es bei nassem Wetter leicht zu erreichen ist. Sommergrüne Sträucher und kleine Bäume beschatten die Zwiebeln, wenn diese ihre Vegetationsruhe haben. Außerdem bilden die Sträucher einen dekorativen und natürlichen Hintergrund für die zarten Zwiebelpflanzen des Waldes und der Wiesen.

## ALTERNATIVEN

MITTELHOCH (30–90cm)
*Narcissus* 'Rijnveld's Early Sensation' (Narzisse)

NIEDRIG (unter 30cm)
*Corydalis malkensis* (Lerchensporn)
*Crocus sieberi* 'Albus' (Krokus)
*C. sieberi* 'Violet Queen'
*Galanthus elwesii* (Schneeglöckchen)
*G.* 'Magnet'
*G. nivalis*
*G. plicatus*

Leucojum vernum *Märzenbecher sind höher und größer als Schneeglöckchen, aber genauso attraktiv und einfach einzugewöhnen.*

*Acer davidii* ist eine sommergrüne Ahornart, die sich für kleine Gärten sehr gut eignet. Dieser Baum hat eine besonders dekorative Rinde.

*Philadelphus coronarius* (Bauernjasmin) ist ein Strauch mit duftenden, weißen Blüten im Sommer. Wird er jährlich geschnitten, behält er seine attraktive Form.

*Eranthis hyemalis* (Kleiner Winterling) öffnet sich ganz schnell, wenn die Tage länger werden. Jede Blüte ist von einer Halskrause aus Blättern umgeben.

## PFLANZPLAN

1 *Galanthus plicatus* subsp. *byzantinus*, 20cm hoch
2 *Leucojum vernum*, 20–30cm hoch
3 *Acer davidii*, 15m hoch
4 *Hamamelis mollis*, 4m hoch
5 *Philadelphus coronarius*, 3m hoch
6 *Eranthis hyemalis*, 5–8cm hoch
7 *Scilla bifolia*, 8–15cm hoch
8 *Cyclamen coum*, 5–8cm hoch

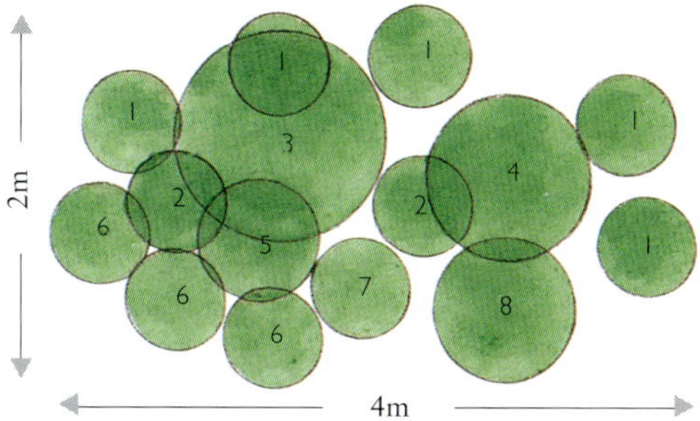

CYCLAMEN COUM

*Das niedrige und winterharte Vorfrühlings-Alpenveilchen erhellt mit seinen roten, rosafarbenen und weißen Blüten die trüben Wintertage. Die Blätter variieren von einfachem Grün bis zu fast Silber.*

***Hamamelis mollis*** (Chinesische Zaubernuss) trägt außergewöhnlich duftende Blüten, die sich im Spätwinter an den blattlosen Trieben bilden. Sie sind ein großer Gewinn für jedes Winterbeet.

***Galanthus plicatus*** **subsp.** ***byzantinus*** ist eine früh blühende Form des Schneeglöckchens. Sie hat viel größere Blätter als das Gewöhnliche Schneeglöckchen (*G. nivalis*).

***Scilla bifolia*** (Sternhyazinthe) sät sich selbst aus und bildet einen schönen blauen Teppich aus sternförmigen Glockenblüten.

# EIN STUFENBEET

Das ist ein Beet, in dem Zwiebel- und Knollenpflanzen von Winter bis Spätfrühling für Farbe und Form sorgen. Wenn das Jahr fortschreitet, nimmt es an Höhe zu und die früh blühenden Zwiebeln werden von den hochwüchsigen Frühlingsblumen verdeckt. Ende Frühling muss das Beet von Blättern befreit werden, damit die spät blühenden Stauden und einige bunte Einjährige während des Sommers und Herbstes einen schönen Anblick bieten.

## ALTERNATIVEN

HOCH (über 90cm)
*Allium hollandicum*
*Cardiocrinum giganteum*
*Lilium martagon*

MITTELHOCH (30–90cm)
*Anemone pavonina*
*Leucojum vernum*
*Tulipa praestans*

NIEDRIG (unter 30cm)
*Galanthus elwesii*
*Muscari armeniacum*
*Narcissus* 'Tête-à-tête'

*ERYTHRONIUM REVOLUTUM (Hundszahnlilie) setzt große Mengen an Samen an und kann allmählich eine Kolonie bilden.*

***Muscari azureum*** ist eine Traubenhyazinthe, die sich ebenfalls durch Selbstaussaat ausbreitet. Sie trägt im Vorfrühling reine blaue Blüten.

***Fritillaria imperialis*** (Kaiserkrone) trägt große Blütenstände mit nickenden Glocken, die von Gelb bis Dunkelorange erhältlich sind.

***Galanthus nivalis*** (Gewöhnliches Schneeglöckchen) ist gegen kaltes Wetter unempfindlich und sieht in Gruppen herrlich aus.

***Anemone blanda*** (Strahlenanemone) ist eine zuverlässige, niederwüchsige Pflanze mit Gänseblümchen ähnlichen Blüten, die ab Spätwinter blühen, wenn das Wetter mild ist.

***Corydalis malkensis*** (Lerchensporn) ist ein erstaunlicher Teppichbildner, der bis weit in den Frühling blüht.

***Ipheion uniflorum* 'Wisley Blue'** (Frühlingsstern) trägt hellblaue Trompetenblüten über dekorativem Laub, die im Frühling lange blühen.

***Scilla bifolia*** (Sternhyazinthe) erscheint sehr früh und hat auffallende, leuchtend blaue Blüten mit dekorativen Staubbeuteln.

## PFLANZPLAN

1 *Anemone blanda*, 15cm hoch
2 *Galanthus nivalis*, 10cm hoch
3 *Fritillaria imperialis*, 1,5m hoch
4 *Erythronium revolutum*, 20–30cm hoch
5 *Corydalis solida*, 25cm hoch
6 *Muscari azureum*, 10cm hoch
7 *Fritillaria persica* 'Adiyaman', 1,5m hoch
8 *Tulipa linifolia* 'Batalinii Group', 35cm hoch
9 *Ornithogalum nutans*, 20–60cm hoch
10 *Corydalis malkensis*, 8–15cm hoch
11 *Ipheion uniflorum* 'Wisley Blue', 15–20cm hoch
12 *Scilla bifolia*, 8–15cm hoch
13 *Anemone coronaria*, 30–45cm hoch
14 *Iris* 'Katharine Hodgkin', 12cm hoch
15 *Puschkinia scilloides*, 20cm hoch

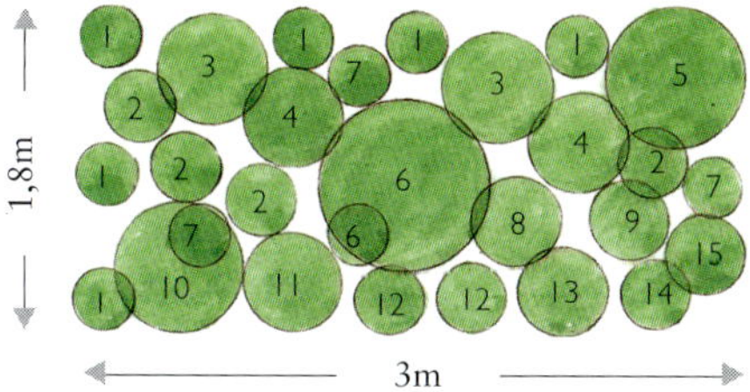

*Iris* 'Katharine Hodgkin' *ist beliebt wegen ihrer einzigartigen Farbe und ihrer Wetterbeständigkeit.*

***Tulipa linifolia*** bringt zuverlässige Tulpen hervor, die rot bis cremefarben oder eine Mischung aus beidem sein können.

***Fritillaria persica* 'Adiyaman'** ist eine ganz hohe Pflanze mit sehr dekorativen, pflaumenfarbigen Glockenblüten an jedem Stiel. Sie kann Stützhilfe gebrauchen.

***Corydalis solida*** (Fester Lerchensporn) ist in ihren rot-, rosa- oder weißblütigen Formen am schönsten.

***nemone coronaria*** (Kronenanemone) lüht sehr früh im Jahr, wenn sie in der onne wächst. Am besten gedeiht sie einem sehr durchlässigen Boden.

***Ornithogalum nutans*** (Nickender Milchstern) sieht in der Sonne fast silbern aus. Ein niederwüchsiger, aber attraktiver Vertreter der meist weiß blühenden Gattung.

***Puschkinia scilloides*** lässt sich sehr einfach kultivieren. Die blauen Blüten sind weiß gestreift und fühlen sich in der Sonne oder im Halbschatten wohl.

# Formal gestaltete Beete

Diese kleinen, geometrischen Bepflanzungen sehen sehr gut aus, wenn sie sich in der Nähe des Hauses befinden. Umsäumende Pflanzen müssen natürlich niedrig sein. Lavendel und Heiligenkraut können einen silberfarbenen Rahmen bilden, während eine kleine Berberitze in Purpur eine eher dunkle Umrandung bringt. Das Hyazinthenbeet braucht eine Blattdüngung, wenn die Blüten welk sind, damit es im nächsten Jahr wieder Blüten gibt. Große bepflanzte Kübel und Fässer können eine ähnliche Wirkung erzielen.

## Pflanzplan

1 *Tulipa* 'Purissima', 35cm hoch
2 *Fritillaria imperialis* 'Maxima Lutea', 1,5m hoch
3 *Tulipa* 'Queen of Sheba', 60cm hoch
4 *Myosotis sylvatica* 'Blue Ball', 25cm hoch

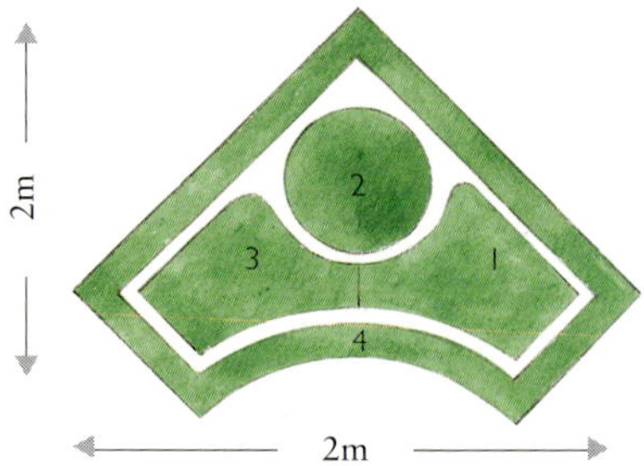


TULIPA 'QUEEN OF SHEBA'
*Eine ganz hohe Tulpe mit anmutig geöffneten Blütenblättern in Scharlach-Bronze, die goldgelb umsäumt sind.*

*Fritillaria imperialis* **'Maxima Lutea'** ist eine sehr eindrucksvolle Kaiserkrone mit einem Blätterkranz über den nickenden Blüten in leuchtendem Gelb. Sie sollten dicht gepflanzt werden.

*Myosotis sylvatica* **'Blue Ball'** (Vergissmeinnicht) ist eine ausgezeichnete Beetpflanze. Sie ist winterhart und blüht lange, vom Spätfrühling bis in den Sommer.

## PFLANZPLAN

1 *Hyacinthus orientalis* 'Anna Marie', 20–30cm hoch
2 *H. orientalis* 'Delft Blue', 20–30cm hoch
3 *H. orientalis* 'White Pearl', 20–30cm hoch

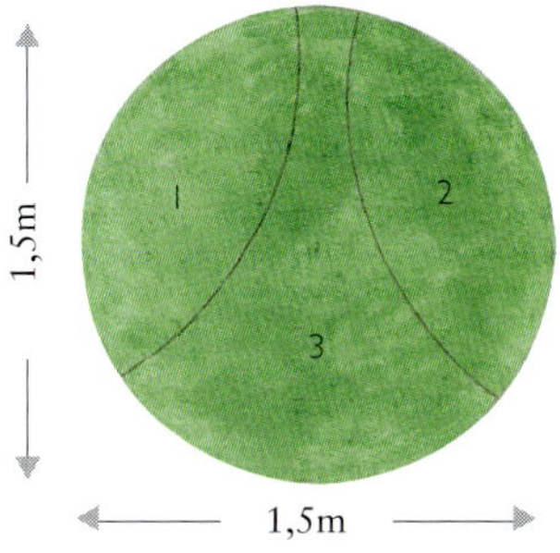


### ALTERNATIVEN

NIEDRIG (unter 30cm)
*Hyacinthus orientalis* 'Carnegie'
*H. orientalis* 'City of Haarlem'
*H. orientalis* 'L'Innocence'
*H. orientalis* 'Ostara'

*Hyacinthus orientalis* **'Delft Blue'** ist fast porzellanblau. Die Sorte ist sehr zuverlässig und die ideale Wahl für ein Beet.

*Hyacinthus orientalis* **'Anna Marie'** ist eine hellrosa Sorte dieser winterharten Zwiebelpflanze. Die Blütezeit hängt von der Pflanzzeit ab und kann innerhalb des Frühlings variieren.

*Hyacinthus orientalis* **'White Pearl'** wurde in dieses Beet gepflanzt, da das kräftige Weiß unbedingt nötig ist, um das Trio zu vervollständigen.

*Tulipa* **'Purissima'** ist eine Fosteriana-Hybride mit schönen, kräftigen, milchweißen Blüten. Sie bildet einen schönen Kontrast zu den eher auffallend gefärbten Sorten.

### ALTERNATIVEN

HOCH (über 90cm)
*Fritillaria imperialis* 'Rubra' (Kaiserkrone)
*F. imperialis* 'The Premier'

MITTELHOCH (30–90cm)
*Tulipa* 'Golden Apeldoorn'
*T.* 'Queen of Night'
*T.* 'White Triumphator'

NIEDRIG (unter 30cm)
*Muscari armeniacum* (Traubenhyazinthe)
*Narcissus* 'Tête-à-tête'

# ZWIEBELPFLANZEN IM TOPF

Für kleine Gärten oder einen Innenhof kann eine Gestaltung mit Zwiebelgewächsen in Töpfen zum Blickfang werden. Wichtig ist ein geschützter Platz, außerdem sollten Vorkehrungen gegen starke Winde getroffen werden. Die Gefäße können durch Haken miteinander verbunden werden, um mehr Stabilität zu erhalten. Auch große Kieselsteine auf der Erdoberfläche oder um den Topfboden herum leisten gute Dienste. Kaufen Sie nur Töpfe mit breiten Böden.

## PFLANZPLAN

1 *Dahlias* Unwins-Zwerg-Gruppe, 60cm hoch
2 *Lobularia maritima*, 5–30cm hoch
3 *Canna*, 70cm hoch
4 *Galtonia* candicans, 1–1,2m hoch
5 *Crocosmia* × *crocosmiiflora* 'Gerbe d'Or', 50cm–1,5m hoch
6 *Lysimachia nummularia* 'Aurea', 5cm hoch
7 *Allium moly*, 15–25cm hoch
8 *Crocosmia* × *crocosmiiflora* 'Jackanapes', 40cm–60cm hoch
9 *Lobelia erinus* 'Cambridge Blue', 10–23cm hoch

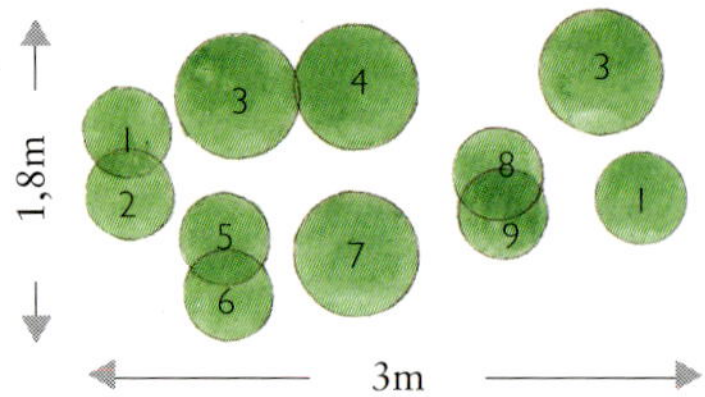

***Allium moly*** (Goldlauch) trägt gelbe Blüten und wirkt sehr lebendig. Er sät sich selbst aus.

***Crocosmia* × *crocosmiiflora* 'Gerbe d'Or'** (Montbretie) ist eine sehr zuverlässige Pflanze, die viel Feuchtigkeit und Sonne braucht, um sich von ihrer besten Seite zu zeigen.

**Dahlien** (Unwins-Zwerg-Gruppe) sind die idealen Pflanzen für Topfkulturen, die lange blühen, wenn Welkes entfernt und Dünger verabreicht wird.

***Lobularia maritima*** (Duftsteinrich) ist eine einjährige Pflanze mit weißen oder blass-purpurrosa gefärbten Blüten, die im Frühjahr ausgesät den ganzen Sommer blüht. Ein Schnitt nach der Blüte regt weitere Blütenbildung an.

***Lysimachia nummularia* 'Aurea'** (Pfennigkraut) ist eine einfach zu kultivierende, zuverlässige Staude mit leuchtend gelben Blüten, die den ganzen Sommer erscheinen.

## ALTERNATIVEN

| HOCH (über 90cm) | MITTELHOCH (30–90cm) | NIEDRIG (unter 30cm) |
|---|---|---|
| *Allium hollandicum* 'Purple Sensation' (Zierlauch) | *Camassia leichtlinii* 'Semiplena' (Prärielilie) | *Anemone coronaria*-Sorten (Kronenanemone) |
| *Lilium* Golden-Splendor-Gruppe (Lilie) | *Nerine bowdenii* (Nerine) | *Colchicum* 'Waterlily' (Zeitlose) |
| *L. speciosum* var. *rubrum* | *Tulipa linifolia* (Tulpe) | *C. speciosum* 'Album' |

*Galtonia candicans* (Sommerhyazinthe) sieht fast wie eine Sukkulente aus und trägt hübsche, hängende Glockenblüten, die hohe Ähren bilden.

*Canna* (Blumenrohr) ist eine stattliche Pflanze, die sich als Hintergrund eines Topfarrangements eignet. Sie blüht monatelang, wenn sie gedüngt und ausreichend gegossen wird.

CROCOSMIA × CROCOSMIIFLORA 'JACKANAPES'
*Das ist eine der Hybriden mit den größten Blüten. In freien Rabatten kann sie etwas empfindlich reagieren und sollte in kühleren Regionen besser in Kübeln gezogen werden.*

**Lobelien-Mischung** (Männertreu) ist eine mehrjährige Pflanze, die gewöhnlich einjährig für Beete oder Töpfe kultiviert wird.

# PFLEGE VON ZWIEBELPFLANZEN

## WANN KAUFT MAN ZWIEBELN?

DIE BESTE ZEIT für den Kauf von Zwiebel- und Knollenpflanzen ist gewöhnlich der Spätsommer. Um zeitlich mit den jährlichen Blumenschauen im Frühsommer übereinzustimmen, erscheinen Kataloge mit Zwiebeln zwei Mal im Jahr: die ersten im Spätsommer und Frühherbst für herbstblühende Arten und die zweiten von Früh- bis Spätherbst für Frühlings- und Sommerblüher.

### TIPPS FÜR DEN KAUF

Renommierte Züchter, die ihre Zwiebeln per Versand verkaufen, sind auf ihren guten Ruf bedacht. Deshalb haben diese Zwiebeln gewöhnlich die richtige Größe zur Blütenbildung und sind in gutem Zustand. Die Ware von anderen Anbietern ist manchmal nicht zufriedenstellend, besonders hinsichtlich der genauen Bezeichnung. In Gartencentern werden die Zwiebeln farbenprächtig in luftdurchlässigen Beuteln angeboten, die mit einem Bild der Blüten und Informationen versehen sind. Sehen Sie sich die Zwiebeln genau an, denn manche können schon nach einigen Wochen eingehen. Die beste und sicherste Methode ist, sie einzeln aus einem Korb auszuwählen.

▶ EINE ZWIEBEL PRÜFEN *Drücken Sie die Zwiebel vorsichtig, um zu testen, ob sie fest genug ist – dann ist sie gesund.*

#### AUSWAHL GESUNDER ZWIEBELN

- Kaufen Sie immer früh, und wählen Sie für eine sofortige Pflanzung rundliche Zwiebeln aus.
- Achten Sie auf die Größe. Kleine Zwiebeln blühen im ersten Jahr meist nicht.
- Die Außenhülle sollte unbeschädigt und sauber sein, sie schützt vor dem Austrocknen.
- Kranke Zwiebeln können unangenehm riechen.
- Entsorgen Sie Zwiebeln, die versucht haben zu treiben und dann durch fehlende Feuchtigkeit vertrocknet sind.

▲ EINE GESUNDE ZWIEBEL *Die Zwiebel sollte gleichmäßig gefärbt sein und keine Streifen und Flecken aufweisen, ebenso keine Triebe und Wurzeln.*

◀ ZWIEBEL MIT BLÄTTERN *Schneeglöckchen und Märzenbecher werden zur sofortigen Pflanzung mit Blättern verkauft.*

◀ BLAUER SPAZIERGANG *Ein Steinweg schlängelt sich durch ein Meer von blauen Waldhyazinthen.*

# VORBEREITUNG DER PFLANZFLÄCHE

DIE MEHRZAHL der Zwiebeln und Knollen stammen aus Böden, die während der Vegetationsruhe austrocknen. In gemäßigten Zonen gibt es keine regelmäßig auftretenden Trockenperioden, deshalb ist ein gut durchlässiger Boden nötig, um die Zwiebeln vor Staunässe zu schützen. Schwere Tonböden müssen Sie vor der Pflanzung tief umgraben und groben Kies einarbeiten, um die Struktur zu lockern. Sandige Böden können durch Zugabe von Kompost verbessert werden.

## VOR DER PFLANZUNG NÄHRSTOFFE ZUFÜHREN

Zwiebelpflanzen haben ähnliche Bedürfnisse an Nährstoffen wie andere Gewächse auch, aber sie bewurzeln sich jedes Jahr an gleicher Stelle, genau unterhalb des Zwiebelbodens. Um eine lange Blütezeit anzuregen, können während der Vegetationsruhe der Zwiebel Nährstoffe zugeführt werden. Organisches Material, wie Kompost oder gut abgelagerter Stallmist, werden vorsichtig ins Beet eingearbeitet. Für einen Steingarten oder ein Hochbeet eignen sich konzentrierte Düngemittel.

### UMGANG MIT DÜNGER

- Lesen Sie die Anleitung sorgfältig durch.
- Tragen Sie Handschuhe.
- Das Öffnen der Packung sollte im Freien geschehen, damit Sie keinen Staub einatmen.
- Beseitigen Sie leere Verpackungen. Wurde nur ein Teil verbraucht, bewahren Sie den Rest sicher auf.
- Verbrauchen Sie in Wasser gelöste Produkte sofort.

## KONZENTRIERTE DÜNGEMITTEL

Konzentrierte organische Dünger setzen die Nährstoffe langsam frei. Diese Nährstoffe werden von den Pflanzen leicht aufgenommen, wenn der Boden sich im Frühjahr erwärmt. Man sollte sie besser während der Pflanzzeit tief in die Erde einarbeiten, als sie einfach über die Oberfläche zu verstreuen.

Wenn Sie bei diesen Produkten wegen gesundheitlichen Gefahren Bedenken haben, sind Gesteins- und Algenmehl eine gute Alternative. Mineralische Dünger werden im Boden nur durch Regen oder Gießwasser freigesetzt. Die Körnchen dürfen nicht auf die Blätter gelangen, da sie das Pflanzengewebe schädigen.

DÜNGERARTEN
*Verabreichen Sie immer die auf der Packung angegebene Menge. Zur Pflanzzeit sollte man den Dünger besser mit grobem Kies mischen.*

VERTEILEN MIT DER GRABGABEL
*Konzentrierte Düngemittel sollten mit einer Grabgabel über die Pflanzstelle verteilt werden, um sie gut in den Boden einzuarbeiten.*

## PFLANZTIEFEN

Die meisten Zwiebeln und Knollen müssen zwei bis drei Mal so tief wie ihre eigene Höhe eingesetzt werden. Es gibt jedoch Ausnahmen: Tulpen werden etwa vier Mal so tief eingepflanzt, während Rhizome der Waldanemonen nur knapp unter der Erdoberfläche platziert werden. Sollte eine Pflanze nicht wachsen, versuchen Sie, die Zwiebel tiefer zu pflanzen; das verhindert manchmal die Teilung in kleinere Brutzwiebeln und kann die Blüte anregen. In leichte Sandböden sollte man am besten tief einpflanzen. Aber in welchem Boden auch immer: Platzieren Sie die Zwiebeln in einem Abstand von zwei bis drei Zwiebelbreiten. Drücken Sie dann die Erde leicht an, und wässern Sie den Boden. Manche Zwiebeln, wie die der Waldhyazinthe, haben Wurzeln, die sich anpassen, so dass die Zwiebeln die richtige Tiefe selbst finden.

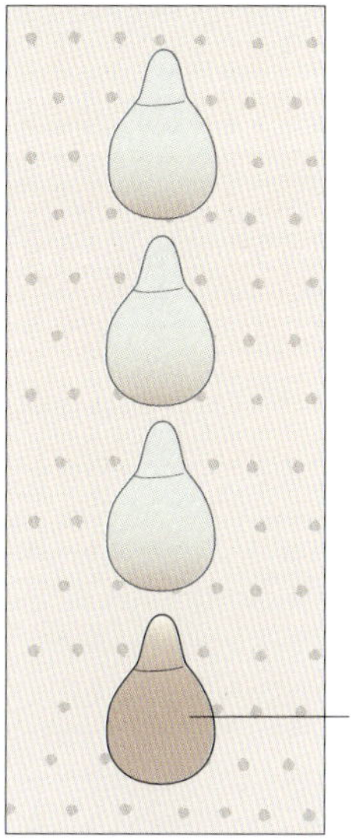

PFLANZTIEFEN
*Obwohl für die meisten Zwiebeln eine Tiefe, die zwei bis drei Mal so tief wie die Höhe der Zwiebel ist, ausreicht, müssen andere etwa vier Mal so tief eingesetzt werden. Zwiebeln und Knollen bilden mehr Blüten, wenn sie tiefer gepflanzt werden, da sie vor klimatischen Einflüssen geschützt sind.*

Die Zwiebel wurde viermal so tief wie die eigene Höhe gepflanzt.

## VORBEREITUNG FÜRS VERWILDERN

Der Herbst ist die beste Zeit für eine Pflanzung im Rasen. Fangen Sie an, wenn der Boden feucht ist und sich leicht bearbeiten lässt. Dann kann das beschädigte Gras bald nachwachsen. Werden Gruppen kleinerer Zwiebeln, wie Krokusse oder Fritillarien, gepflanzt, stechen Sie den Rasen H-förmig ab, und klappen Sie die Soden zur Seite. Die Erde darunter sollte vor der Pflanzung gelockert und gedüngt werden. Nach dem Einsetzen der Zwiebeln werden die Soden wieder darüber gelegt und der Bereich gut angegossen. Bei größeren Zwiebeln verwenden Sie einen Zwiebelpflanzer, mit dem man 15 cm tiefe Pflanzlöcher ausheben kann.

1 **Um die Gestaltung zu planen,** aber trotzdem ein natürliches Aussehen zu erhalten, werden farbige Klötze verstreut.

2 **Heben Sie** dann an diesen Stellen Löcher mit dem Zwiebelpflanzer aus. Das Gerät ist auch in kleinerer Ausführung erhältlich.

# ZWIEBELN PFLANZEN

ZWIEBELGEWÄCHSE SORGEN RASCH für ein farbenfrohes Aussehen, ein Sofort-Effekt, der Anfänger ermutigt. Der erfahrene Gärtner hat die Möglichkeit, die Zwiebeln regelmäßig umzupflanzen. Zwiebel- und Knollengewächse gehören tatsächlich zu den wenigen Pflanzen, die durch jährliches Umpflanzen, Teilen und Wiedereinpflanzen besser gedeihen. Zwiebeln aus Töpfen können direkt ins Beet gepflanzt werden, sobald die Blüte im Spätfrühling vorbei ist.

## ZWIEBELN MIT LAUB

Zwiebeln, die dazu neigen auszutrocknen – wie Schneeglöckchen, Märzenbecher und Winterlinge – sollten gleich nach der Blüte eingepflanzt werden, solange die Blätter noch daran sind. Setzen Sie sie in gelockerte und gedüngte Erde und achten Sie darauf, dass sie nie austrocknen. Um Infektionsgefahren vorzubeugen, behandeln Sie verletzte Stellen der Zwiebel mit einem Fungizid, wie z. B. Schwefel. Es ist wichtig, die Zwiebeln genauso tief wie vorher zu pflanzen. Die papierartige Hülle um die Zwiebel sollte nach dem Pflanzen noch zu sehen sein.

ZWIEBELN MIT GRÜNEN BLÄTTERN
*Die neue Pflanztiefe sollte der alten entsprechen. Achten Sie auf die Stelle, an der die papierartige Hülle und das Laub zusammentreffen. Breiten Sie die Wurzeln aus, und wässern Sie das Pflanzloch gut.*

## INS FREIE PFLANZEN

Suchen Sie den richtigen Standort für Ihre Zwiebeln. Die meisten brauchen Sonne, nur einige, wie die Prärielilie, bevorzugen schattige Stellen. Graben Sie die Fläche um, entfernen Sie alle Wurzeln, und lockern Sie die Erde zur Durchlüftung mit der Grabgabel. Verabreichen Sie einen Trockendünger, und setzen Sie die Zwiebeln in richtiger Tiefe ein. Um ein wie zufällig wirkendes Muster zu erreichen, sollte das Pflanzloch von ungleichmäßiger Form sein. Bei größeren Zwiebeln ist ein Zwiebelpflanzer hilfreich.

1 **Lockern Sie den Boden,** heben Sie das Loch in der erforderlichen Tiefe aus (2-3 Mal die Zwiebelhöhe). Streuen Sie Dünger aus *(kleines Bild)*, und setzen Sie die Zwiebeln in das Loch.

2 **Verteilen Sie die Zwiebeln** aufs Geratewohl. Achten Sie darauf, dass sie aufrecht bleiben. Drücken Sie die Erde vorsichtig an, und beschriften Sie die Fläche.

## Töpfe bepflanzen

Die meisten Zwiebeln eignen sich für Gefäßkulturen, wenn der Topf für die ausgewählten Arten groß genug ist und ausreichend Abflusslöcher hat. Die Zwiebeln sollten möglichst viel Platz nach unten hin haben, damit sie reichlich Wurzeln bilden können und dadurch der Wasserbedarf herabgesetzt wird. Verwenden Sie gute Blumenerde statt Torfkultursubstrate. Diese speichert Wasser und Nährstoffe länger. Pflanzen Sie die Zwiebeln so tief wie im Garten, und bedecken Sie die Oberfläche mit einer 4-5 mm dicken Kiesschicht. Diese verhindert Schlammspritzer und reduziert die Verdunstung.

1 **Legen Sie auf den Topfboden** Tonscherben, bevor Sie Substrat einfüllen. Zwiebeln mit der Triebknospe nach oben einlegen.

2 **Bedecken Sie die Erdoberfläche** mit Kies, und wässern Sie ausgiebig. Beschriften Sie das Gefäß. Die Erde muss feucht bleiben.

## Das Gefäß in den Boden versenken

Das ist eine ausgezeichnete Möglichkeit, Lücken unauffällig zu füllen oder Veränderungen in ein Beet zu bringen. Ein einfacher Plastiktopf oder -korb – meist für Teichbepflanzungen verwendet – genügt schon. Der Pflanzkorb muss die ganze Zeit eingegraben sein, weil die Wurzeln außerhalb des Behälters weiter aktiv sind; deshalb braucht man für die Gefäße während der Vegetationsruhe einen Platz im Garten. Der Boden um den versenkten Topf muss mit Kies und Kompost aufgelockert werden, damit beim Herausheben und Wiedereinpflanzen den Wurzeln möglichst wenig Schaden zugefügt wird.

1 **Pflanzen Sie** die Zwiebeln in ein geeignetes Substrat. Der Korb kann ein Jahr und länger im Boden bleiben.

2 **Graben Sie den Korb** direkt unter der Erdoberfläche ein, bringen Sie ein Namensschild an, und gießen Sie gut an.

# Routinemäßige Pflege

Zwiebelgewächse machen jahrelang Freude und brauchen nur wenig Pflege. Im Sommer, nach dem Einziehen der Blätter, sollte man das Laub entfernen. Dabei entstehende Löcher werden abgeharkt, damit Schadinsekten nicht an die Zwiebeln gelangen. Nach einigen Jahren kann ein Ausdünnen notwendig sein. Holen Sie die Zwiebeln während der Vegetationsruhe heraus zur Teilung. Nicht winterharte Zwiebeln, wie Gladiolen, müssen vor Winterbeginn herausgeholt werden.

## Stützhilfen

Es wäre herrlich, könnten alle Zwiebel- und Knollengewächse ohne Hilfe frei stehen. Doch leider benötigen einige Stützhilfe. Dafür anfällige Pflanzen sind Lilien, Gladiolen, Dahlien und manche Prärielilien. In Töpfen müssen Hyazinthen und Narzissen etwas aufgebunden werden. Es gibt zahlreiche Stützhilfen, wie Reifen, Halbkreise, Y-Stäbe und Gitter in verschiedenen Formen, die meist unauffällig und wiederverwendbar sind. Viele Gärtner bevorzugen jedoch die herkömmliche Methode des Anbindens mit Stab und Schnur. Grüner, weicher Bindebast ist das unauffälligste Bindematerial. Welche Stütze Sie auch immer verwenden: Bringen Sie sie früh an, bevor der Wind Schaden anrichten kann. Im Notfall Triebe, die sich bereits geneigt haben, mit Halbkreisen oder Y-Stäben wieder aufrichten.

▲ EINE GLADIOLE AUFBINDEN
*Stecken Sie den Stab neben dem etwa 15 cm hohen Stängel in den Boden, und binden Sie ihn mit einem weichen Bindebast in Form einer Acht fest. Wenn die Pflanze Knospen trägt, erneut direkt unterhalb der Knospen anbinden.*

◄ STÜTZHILFE FÜR EINE LILIENGRUPPE
*Stäbe vorsichtig zwischen den Zwiebeln in den Boden stecken und jeden Stängel in Form einer Acht festbinden. Wenn die Lilien ausgewachsen sind, werden sie sich gegenseitig stützen.*

# DÜNGEN NACH DER BLÜTE

Während die Blüten allmählich welken, sind die Blätter noch aktiv, um die Zwiebel zu stärken.

Um diesen Prozess zu fördern, sind regelmäßige Gaben eines Flüssigdüngers mit hoher Kaliumkonzentration (z.B. Tomatendünger) von großem Nutzen. Das Düngen verlängert die Aktivität der oberirdischen Pflanzenteile und bringt größere Zwiebeln, die blühfähig sind und Brutzwiebeln bilden. Zudem können auch mögliche Mängel an Spurenelementen, wie Magnesium, im Boden ausgeglichen werden. Wenn das Laub allmählich einzieht, stellen Sie das Gießen ein, denn die Zwiebeln brauchen im Sommer eine Trockenperiode.

FLÜSSIGDÜNGER
*Setzen Sie die Lösung halb so konzentriert wie für Tomaten angegeben an. Düngen Sie am frühen Morgen oder am Abend, damit die Blätter nicht verbrennen.*

# MULCHEN

Während der Vegetationsruhe sollten Sie den Boden mit gut abgelagertem organischem Material, wie Kompost, mulchen. In Steingärten oder Hochbeeten sollte der Kompost gesiebt und mit einem Düngemittel vermischt werden. Die Oberfläche mit Kies bedecken.

MULCHEN
*Organisches Material sollte man während der Vegetationsruhe ausbringen. Aber auch sonst jederzeit, solange der Boden feucht ist.*

# MINERALISCHE DÜNGER

Handelsübliche Präparate, wie Tomatendünger oder Granulate, ermöglichen es, den Pflanzen die erforderlichen Mengen mit dem Gießwasser zu verabreichen. Lesen Sie die Anleitung immer sorgfältig durch, und geben Sie den Dünger besser regelmäßig in geringerer Konzentration als in einer großen Dosis auf einmal zu. Wässern Sie den Boden, wenn er trocken ist, sonst können die Nährstoffe nicht an die Wurzeln gelangen. Lassen Sie die Blätter niemals in der Sonne mit Chemikalien in Berührung kommen, weil sie dadurch verbrennen können.

## MINERALDÜNGER

- Tomatendünger hat eine hohe Kaliumkonzentration und eignet sich gut zur Anregung der Blütenbildung.
- Dünger in Granulatform haben eine ausgewogene Konzentration an Stickstoff, Phosphat und Kalium (Universaldünger).
- Andere Düngemittel enthalten Stickstoff, Phosphat und Kalium in einem Verhältnis, das für alle Pflanzen geeignet ist. Ein Verhältnis von 15:15:30 ist ideal für Zwiebelpflanzen. Diese Präparate enthalten Spurenelemente, die für gutes Wachstum wichtig sind.

# WANN WERDEN BLÄTTER ENTFERNT?

WIDERSTEHEN SIE DER VERSUCHUNG, die Blätter gleich nach der Blüte abzuschneiden. Dadurch werden die Zwiebeln geschwächt und die Blühfähigkeit im nächsten Jahr reduziert. Warten Sie, bis das Laub sich gelb färbt. Die Blätter ziehen verschieden schnell ein – Lerchensporn und Schneeglöckchen sind im Spätfrühling schon so weit, während das Laub von Zeitlosen bis zum Frühsommer daran bleiben muss.

## BLÄTTER ENTFERNEN

Manche Blätter sitzen auch nach dem Vergilben fest an der Zwiebel. Beim Herausziehen besteht die Gefahr, die ruhende Zwiebel ebenfalls anzugreifen. Deshalb ist es besser, das Laub abzuschneiden. Bei manchen sommerblühenden Arten, wie Zierlauch und Prärielilie, sterben die Blätter schon während der Blüte ab. Lassen sie sich nicht durch andere Pflanzen kaschieren, können auch hier die Blätter abgeschnitten werden.

BIS ZUM GRUND ABSCHNEIDEN
*Das Laub verwilderter Zwiebeln am besten mit der Heckenschere bis zum Grund abschneiden.*

## DAS HERAUSHOLEN VON ZWIEBELN

Nach einigen Jahren nimmt die Blühkraft mancher Pflanzungen ab. Das bedeutet, dass die Zwiebeln herausgeholt und ausgedünnt werden müssen. Während der Vegetationsruhe hebt man sie mit einer Grabgabel etwas entfernt von der Gruppe heraus. Die Zwiebeln werden wahrscheinlich ganz dicht gewachsen und von unterschiedlicher Größe sein. Die meisten Gärtner pflanzen die größten und gesündesten einfach an einer anderen Stelle im Garten wieder ein.

### UMPFLANZEN MIT LAUB

Wenn Sie Zwiebeln während das Laub noch grün ist, herausholen müssen: Den Wurzelballen nicht beschädigen und sie sofort wieder einsetzen. Gut angießen. Sie können die Zwiebeln in einen Topf pflanzen und in den Schatten stellen, bis die Blätter von alleine einziehen.

MIT LAUB AUSGRABEN
*Wenn Zwiebeln die Blätter einziehen, können sie vor dem Säubern und Lagern zum Trocknen in eine Kiste gelegt werden.*

# EINLAGERN

IN TÖPFEN oder als Beetpflanzen kultivierte Zwiebeln und Knollen müssen richtig eingelagert werden, bis man sie im nächsten Jahr wieder einpflanzt. Wenn Sie die Zwiebeln mit noch grünem Laub herausholen müssen, dürfen Sie die Wurzelballen nicht beschädigen und sollten sie in einen Topf oder in einem schattigen Teil des Gartens wieder einsetzen. Gießen Sie gut an, bis die Blätter einziehen. Ist das Laub gelb, können die Zwiebeln zum Einlagern vorbereitet werden.

## RICHTIG EINLAGERN

Die meisten Zwiebeln, wie Tulpen, Krokusse und Narzissen, können problemlos eingelagert werden. Getrocknete Zwiebeln bewahrt man am besten beschriftet in einer Papiertüte oder einem Karton an einem kühlen, trockenen Platz auf. Kontrollieren Sie die Zwiebeln regelmäßig, und entfernen Sie solche, die Zeichen von Fäulnis aufweisen. Einige Arten wie Hundszahnlilie und Waldanemone, müssen kühl und feucht aufbewahrt werden. Diese Zwiebeln werden wie die anderen herausgeholt, müssen aber in einen Topf mit guter Erde oder in ein Ersatzbeet gepflanzt werden. Man kann sie auch mit etwas Vermiculit in einen Plastikbeutel geben und sie bei 6 °C einlagern. Eine Salatschüssel im Kühlschrank eignet sich dafür ebenfalls sehr gut.

1 **Entfernen Sie die Erde** mit der Hand oder einem trockenen Pinsel, und entfernen Sie alte Blätter und vertrocknete Wurzeln. Nur unversehrte Zwiebeln aufheben.

2 **Achten Sie darauf,** dass die Zwiebeln sauber und trocken sind, bevor Sie sie mit einem Fungizid bestreuen. In einer Papiertüte kühl und trocken aufbewahren.

ÜBERWINTERN
*Die meisten Zwiebeln, wie z. B. Narzissen, können kühl und trocken in einem Karton oder einer Holzkiste gelagert werden.*

### ZWIEBELN LAGERN

- Wählen Sie nur die besten Zwiebeln aus.
- Knollen zum Trocknen in eine Schachtel legen vor der Einlagerung.
- Behandeln Sie Zwiebeln und Knollen mit einem Fungizid, um Fäulnis vorzubeugen.
- Trennen Sie vor dem Einlagern von Gladiolen die alten Knollen von jungen ab, beseitigen Sie die alten, und bewahren Sie die jungen Knollen auf.
- Überprüfen Sie die Zwiebeln regelmäßig auf Krankheiten hin.

# Blütentreiben bei Zwiebeln und Knollen

Es hat sich bewährt, vorbereitete und in Töpfe gepflanzte Zwiebeln dunkel zu stellen, um sie zu einer vorzeitigen Blüte anzuregen. Hyazinthen und manche Narzissen sind hierzu besonders beliebte Arten. Danach, wenn die ersten Blätter erscheinen, sollten die Töpfe in einen kühlen Raum oder Wintergarten umziehen.

## Hyazinthen

Vorbereitete Hyazinthen sollte man kaufen, sobald sie angeboten werden. Man pflanzt sie dicht in Erde oder ein Pflanzgranulat, so dass die Zwiebelspitzen etwas aus dem Substrat herausschauen. Gießen Sie so, dass das Substrat feucht, aber nicht durchweicht wird. Stellen Sie den Topf in einen kühlen Schrank, oder stecken Sie ihn in eine schwarze Plastiktüte und bewahren ihn in der Garage oder im Keller auf. Nach etwa acht Wochen, wenn die Knospen zu sehen sind, stellen Sie die Pflanze hell, aber nicht sonnig auf, damit sie blüht.

### BELIEBTE SORTEN

Wenn die Zwiebeln als »vorbereitet« gekennzeichnet sind, können Sie sicher sein, dass es Mitte des Winters Blüten gibt.

Vorbereitete Hyazinthen umfassen die Sorten **'Anna Marie'**, zartrosa, **'L'Innocence'**, kompakt und weiß, sowie **'Ostara'**, tiefblau. Es gibt auch mehrblütige Sorten in ähnlichen Farben.

Vorbereitete Narzissen, wie **'Paper White'** und **'Grand Soleil d'Or'**, sollten bei hellem, aber nicht starkem Licht getrieben werden. Sie wachsen am besten in kühlen Räumen, so dass sie nicht zu lang werden und keine Stütze brauchen.

1 **Pflanzen Sie** in das feuchte Substrat drei oder fünf Zwiebeln, deren Spitzen etwas zu sehen sind, in einen dekorativen Topf. Stellen Sie das Gefäß kühl und dunkel.

2 **Sind die Knospen zu sehen,** wenn auch noch ziemlich gelb, bringen Sie den Topf in einen hellen, aber kühlen Raum, um das Wachstum und die Blüte zu beschleunigen.

## Zwiebeln in Wasser ziehen

Ein spezielles Glasgefäß wird bis zum Hals mit Wasser gefüllt. Hinein gibt man etwas Holzkohle, damit das Wasser klar bleibt und nicht riecht. Verwenden Sie immer präparierte Zwiebeln, und stellen Sie sie wie die im Topf gezogenen kühl und dunkel. Haben sich die Wurzeln stark entwickelt, können sie auf einem hellen, aber nicht sonnigen Fensterbrett platziert werden. Die regelmäßige Kontrolle des Wasserstandes ist die einzige erforderliche Pflegemaßnahme. Nach der Blüte sollte man die Zwiebeln wegwerfen.

### PFLEGE IM WASSER

- Das Wasser muss immer bis knapp unterhalb des Zwiebelbodens reichen.
- Wenn das Wasser schlecht zu riechen beginnt, erneuern Sie es.
- Drehen Sie das Gefäß regelmäßig, damit die Blütenstängel aufrecht und kräftig wachsen.
- Auch wenn die Zwiebel getrieben hat, enthält sie keine Nährstoffe mehr und sollte nach der Blüte weggeworfen werden. Wenn Sie sie auspflanzen wollen, breiten Sie vorsichtig die Wurzeln aus, und gießen Sie sie gut an.

1 **Setzen Sie** die Zwiebel über den Wasserspiegel; lassen Sie unbedingt etwas Platz.

Lassen Sie das Gefäß etwa acht Wochen dunkel stehen

2 **Die Wurzeln** werden bald das Gefäß ausfüllen, und die Blüte entwickelt sich.

Gut entwickelte Wurzeln, die zur Blütenbildung notwendig sind.

## *HIPPEASTRUM* VORTREIBEN

Die großblütige *Hippeastrum* 'Amaryllis' ist eine sehr vielseitige Pflanze. Man kann sie zu jeder Jahreszeit kaufen und sie zum Blühen bringen. Die Farben variieren von Weiß über Rosa bis zu kräftigem Rot. Es gibt auch kleinere, mehrblütige Sorten. Sie alle lassen sich sehr einfach kultivieren. Anders als andere getriebene Zwiebeln brauchen diese von Anfang an Wärme und Licht, um zu blühen. Wenn sie am Fenster stehen, müssen sie regelmäßig gedreht werden, damit der Blütenschaft gerade wächst. Im Herbst und bis Mitte Winter, wenn die Blätter auf 10 cm zurückgeschnitten und die obere Erdschicht gegen neue ausgetauscht werden kann, muss die Pflanze kühl stehen (10 °C). Danach muss sie ins Warme und regelmäßig gewässert und gedüngt werden. Diese Zwiebeln sollten erst im dritten Jahr umgetopft werden.

IM HANDEL ERHÄLTLICHE ZWIEBELN
*Pflanzen Sie große Zwiebeln so, dass sie nur zur Hälfte mit Erde bedeckt sind. Gießen Sie sparsam, bis Blätter und Wurzeln gut entwickelt sind.*

Fertigpackungen enthalten oft Erde, eine Anleitung, einen Topf und die Zwiebel.

# ZIEHEN SIE IHRE EIGENEN ZWIEBELN

ZWIEBELN VERMEHREN SICH, um zu überleben. Um weitere Pflanzen zu erhalten, kann der Gärtner zu geeigneter Zeit in diesen Vorgang eingreifen. Zwiebeln können getrennt und so der Bestand vergrößert werden. Knollen wie Winterlinge muss man aber in kleinere Stücke schneiden, um sie zu vermehren. Die Vegetationsruhe ist die beste Zeit hierzu. Am einfachsten ist es, den ganzen Horst herauszuheben, ihn vorsichtig zu teilen und die gesündesten Zwiebeln wieder einzusetzen.

## ANZUCHT AUS SAMEN

Sammeln Sie Samen in einer Papiertüte. Das Papier nimmt die Feuchtigkeit auf und verhindert so Fäulnis. Samen von Zwiebelgewächsen sind meist sehr groß und einfach zu handhaben, müssen aber vor der Aussaat gesäubert werden. Geben Sie die Samen in ein Gefäß, lösen Sie sie vorsichtig aus der Schale, und entfernen Sie die unfruchtbaren. Dann säen Sie sie in ein vorbereitetes Gefäß oder bewahren sie bis zur Aussaat an einem trockenen, luftigen und schattigen Platz auf. Gesät wird im Allgemeinen im Frühherbst für das nächste Frühjahr.

REIFE SAMEN ERNTEN
*Halten Sie die Papiertüte so, dass die Samen hineinfallen, wenn der Samenstand vom Stängel abgeschnitten wird. Schütteln Sie ihn etwas.*

**1 Nehmen Sie** einen Topf, dessen Größe der Anzahl der ausgesäten Samen entspricht. Ein 7-cm-Topf eignet sich für bis zu 12 Samen. Nicht zu dicht säen, sonst wird das Wachstum gehemmt!

**2 Übersieben Sie** die Samen 5 mm hoch mit Anzuchterde. Drücken Sie sie nicht an, aber klopfen Sie mit dem Topf gegen den Tisch, damit sich das Substrat setzt.

**3 Verteilen Sie** eine 5 mm dicke Kiesschicht gleichmäßig über die Erde, so dass sie bedeckt ist. Das verhindert das Wachstum von Moos, und schützt die Samen beim Gießen vor Staunässe.

# Teilung von Zwiebeln mit fleischigen Wurzeln

Manche größeren Zwiebeln, wie Lilien und Nerinen, haben dicke, fleischige Wurzeln, die als nutzloser Anhang von Jahr zu Jahr überdauern. Alte Wurzeln müssen aber schließlich entfernt und die Erde um die Zwiebel erneuert werden. Wenn die Blätter welk sind, hebt man die Zwiebeln mit der Grabgabel heraus. Aktive weiße Wurzeln dabei nicht beschädigen, wenn Sie die alten Wurzeln, Blätter und schadhaften Zwiebeln entfernen. Von den in der Erde verbleibenden werden nur die besten in gedüngten Boden gepflanzt und angegossen. Dahlienknollen schneidet man im Frühjahr in mehrere Stücke, von denen jedes ein Auge haben muss, und pflanzt sie aus.

1 **Teilen Sie eine große Fläche** in kleine Horste. Stechen Sie mit der Grabgabel von einer Seite unter die Zwiebeln, bei Widerstand von der anderen Seite. Heben Sie den Horst möglichst ohne Erde heraus.

2 **Trennen Sie die Zwiebeln** nach dem Herausholen mit der Hand voneinander. Entfernen Sie altes Wurzelwerk und Laub, lassen Sie aber die jungen Wurzeln daran.

3 **Säubern Sie die Zwiebeln** vorsichtig. Wählen Sie die besten aus, um sie an einer neu vorbereiteten Stelle wieder einzusetzen. Pflanzen Sie wieder am alten Platz, arbeiten Sie etwas Düngemittel sowie etwas frische Erde ein.

## RASCH ZU VERMEHREN

Manche Zwiebeln können während der Vegetationsruhe geteilt werden. Brutzwiebeln sitzen seitlich an der Mutterzwiebel und können leicht abgetrennt und separat eingepflanzt werden.

*Galanthus* (Schneeglöckchen)
*Narcissus* (Narzisse)
*Scilla* (Blaustern)

Manche Zwiebeln vermehren sich sehr stark: Holen Sie die jungen Zwiebeln bei Bedarf heraus. Wenn Sie mehr Pflanzen brauchen, ernten Sie die reifen Samen und säen Sie sie aus. Stellen Sie den Topf in den Schatten.

*Allium* (Zierlauch)
*Cyclamen* (Alpenveilchen)
*Eranthis* (Winterling)

# PROBLEMEN VORBEUGEN

ZWIEBELN SIND FÜR PROBLEME nicht anfälliger als andere Pflanzen. Kaufen Sie immer gesunde, frische Ware. Sollte sich darunter eine verdächtig aussehende Zwiebel befinden, werfen Sie sie weg. Kranke Zwiebeln werden in einem verschlossen Beutel in die Mülltonne geworfen und niemals auf den Kompost! Wenn Sie gesunde Zwiebeln einpflanzen, können Sie vielen Problemen vorbeugen und auf den Einsatz von chemischen und biologischen Mitteln weitgehend verzichten.

## PROBLEME ERKENNEN

Probleme bei Zwiebeln führen zum mickerigem Wuchs oder hemmen das Wachstum. Es kann eine äußere Verletzung, z. B. durch Schnecken, oder ein Kulturfehler vorliegen. Wenn die Wurzeln zu kurz oder nicht ausgebildet sind, muss die Durchlässigkeit der Erde verbessert werden. Graben Sie tief, pflanzen Sie die Zwiebel um, und gießen Sie ausgiebig. Gelegentlich kann ein Stängel so wachsen, als seien mehrere miteinander verbunden. Das bezeichnet man als Fasciation (nicht ansteckend). Es ist oft die Folge einer Verletzung in einem sehr frühen Entwicklungsstadium.

### BLINDE KNOSPEN

Gelegentlich bilden Zwiebeln Blütenknospen, die nicht aufblühen. Das ist oft die Folge von zu dichtem Wuchs und Nährstoffmangel, aber selten eine Krankheit. Abhilfe ist möglich durch neue Einpflanzung.

ZWIEBELBODENFÄULE
*Gegen diese Pilzkrankheit gibt es kein Mittel. Nur durch Vernichten befallener Zwiebeln (kein Kompost!) kann man die Ausbreitung verhindern.*

An den Zwiebelschuppen entstehen braunschwarze Faulstellen.

### UMGANG MIT SCHÄDLINGEN

- Entfernen Sie alle Schädlinge mit der Hand.
- Halten Sie den Garten sauber, damit es für Schädlinge wenig Möglichkeiten zur Fortpflanzung gibt.
- Setzen Sie Pestizide sparsam ein; lassen Sie andere Tiere damit nicht in Berührung kommen.
- Bringen Sie im Gewächshaus einfache Fallen, wie Gelbsticker, an.
- Der Einsatz von Nützlingen im Gewächshaus ist ein wirksames Mittel gegen bestimmte Schädlinge, z.B. Schlupfwespen gegen Weiße Fliegen.
- Stellen Sie Nistkästen auf. Blaumeisen verfüttern Raupen an ihre Jungen.

### ZWIEBELFLIEGEN

Zwiebeln dienen manchen Insekten als Wirt. Die Narzissenfliege z. B. legt im Frühsommer ihre Eier auf den Zwiebelhälsen ab. Vorbeugend sollten Sie darauf achten, dass die Zwiebelhälse nicht frei liegen, während das Laub einzieht. Befallene Zwiebeln entfernen. Da Eier in der Erde bleiben können, pflanzen Sie an dieser Stelle einige Jahre lang keine Zwiebeln mehr.

### LAGERUNGSFÄULE

Während der Lagerung können Zwiebeln von Fäulenis befallen werden. Beseitigen Sie faulendes Material, bevor die Krankheit sich ausbreiten kann. Wenn auf trockenen Zwiebeln Grauschimmel (Botrytis) auftritt, müssen diese vernichtet und die benachbarten mit einem Fungizid bestreut werden.

## ARBEITSKALENDER NACH JAHRESZEITEN

### SOMMER

- Wenn die Blätter früh blühender Zwiebeln einziehen, heben Sie dicht wachsende heraus, und teilen Sie sie.
- Sammeln Sie trockene Samen in Papiertüten, und bewahren Sie sie kühl und trocken auf. Beschriften nicht vergessen!
- Entfernen Sie welkes Laub, damit der Ausbreitung von Krankheiten vorgebeugt wird.
- Harken Sie Löcher im Boden, die alte Zwiebelstängel hinterlassen, ab, damit Schädlinge, wie die Narzissenfliege, nicht an die Zwiebeln gelangen. Mulchen Sie die ganze Fläche.
- Pflanzen Sie im Topf kultivierte sommer- und herbstblühende Zwiebelgewächse aus, um Lücken zu füllen oder ein Farbthema zu unterstreichen.
- Topfen Sie ruhende Winter- und Herbstzwiebeln um. Manche benötigen neues Substrat, während bei anderen der Austausch der oberen Erdschicht und etwas Universaldünger ausreicht.
- Binden Sie Gladiolen und Dahlien an Stützhilfen fest.
- Kaufen Sie im Gartencenter neue Zwiebeln, oder ordern Sie sie per Katalog.

### HERBST

- Pflanzen Sie gekaufte Zwiebeln möglichst schnell. Narzissen können bei günstigen Bedingungen schon im Spätsommer Wurzeln bilden.
- Schwere oder verdichtete Böden zur Durchlüftung tief umgraben und Kies einarbeiten. Geben Sie ins Pflanzloch etwas Universaldünger, und pflanzen Sie die Zwiebeln etwa zwei oder drei Mal so tief wie die eigene Höhe (je nach Zwiebelart auch tiefer; *siehe S. 51*).
- Heben Sie die Dahlien und Gladiolen heraus, und bereiten Sie sie für die Einlagerung vor.

DÜNGER EINARBEITEN

- Markieren Sie die gepflanzten Zwiebeln mit Schildchen, oder zeichnen Sie einen Plan.
- Entfernen Sie alles an welkem Sommerlaub, so dass ausreichend Platz für die Herbstzwiebeln ist.
- Bepflanzen Sie im Frühherbst Töpfe mit präparierten Zwiebeln für die Treiberei.

### WINTER

- Entfernen Sie altes Laub, das neues Wachstum verhindern könnte, und mulchen Sie die Fläche.
- Bringen Sie auf dem umgebenden Boden einen Universaldünger aus.

ZWIEBELN EINLAGERN

- Bewahren Sie die Zwiebeln in einer Schachtel kühl und trocken auf; kontrollieren Sie sie regelmäßig auf Krankheiten hin.
- Um diese Zeit kann man Gruppen von Zwiebeln umpflanzen. Heben Sie den Horst heraus, und setzen Sie ihn an einer anderen Stelle wieder ein. Danach gießen, damit die Wurzeln eingeschlämmt werden und nicht durch Trockenheit Schaden erleiden.
- Säen Sie gekaufte Samen sofort aus, und bedecken Sie die Erde mit einer 5 mm dicken Kiesschicht, um hohe Verdunstung und Moosbewuchs zu verhindern. Stellen Sie die Töpfe in den Schatten.
- Wenn die Blätter Schäden, wie Streifen, zeigen, beseitigen Sie die Pflanze.

### FRÜHLING

- Pflanzen Sie in Töpfen gezogene Zwiebeln wieder neu ein.
- Schneeglöckchen und Märzenbecher mit grünem Laub sollten sofort gepflanzt und reichlich gegossen werden.
- Suchen Sie nach Anzeichen von Grauschimmel, besonders bei Trockenheit. Sprühen Sie eventuell ein Fungizid.
- An windigen Stellen sollten hohe Pflanzen, wie Kaiserkronen und Lilien, eine Stütze bekommen.
- Pflanzen Sie im Spätfrühling nicht winterharte Zwiebeln, wie Gladiolen und Begonien.
- Entfernen Sie Verblühtes, damit die Energie für den Aufbau der Zwiebel und nicht zur Samenbildung eingesetzt wird.
- Scheiden Sie im Spätfrühling vergilbtes Laub ab, um den Schnecken keinen Unterschlupf zu bieten.
- Für den Winter kultivierte Zwiebeln in Töpfen an einem kühlen Platz aufbewahren, bis sie im Sommer umgetopft werden.
- Düngen Sie Zwiebeln in Töpfen mit einem flüssigen Produkt.
- Gießen Sie die Alpenveilchen im Haus, wenn sie neue Blätter bilden.

# AUSWAHL AN ZWIEBELPFLANZEN

DIE FOLGENDEN BESCHREIBUNGEN stellen nur eine Auswahl aus einer Vielfalt von geeigneten und einfach zu kultivierenden Zwiebelgewächsen dar, die von Züchtern und Gartencentern angeboten werden. Sie sind normalerweise im Spätsommer und Frühherbst als getrocknete Zwiebeln erhältlich, werden aber immer öfter als blühende Topfpflanzen verkauft, damit der Gärtner die genaue Farbe und Höhe erkennen kann.

☼ *bevorzugt Vollsonne* ◐ *bevorzugt Halbschatten* ◊ *bevorzugt durchlässigen Boden* ♦ *bevorzugt feuchten Boden* ❄❄❄ *völlig winterhart (bis zu –20 °C)* ❄❄ *winterhart (bis –5 °C)* ❄ *bedingt winterhart (bis 0 °C)* ⬙ *nicht winterhart* ***niedrig:*** *bis zu 30cm* ***mittelhoch:*** *30–90cm* ***hoch:*** *über 90cm* 🏆 *Auszeichnung der RHS*

## A

***Allium*** (Lauch, Zierlauch)
Diese Zierform der großen Gattung Lauch trägt eindrucksvolle Blütenstände sowie längliche und scharf riechende Blätter. Alle Arten blühen im Sommer und vermehren sich rasch durch Selbstaussaat und bilden Horste.
*A. cernuum* 🏆 (Nickender Lauch) ist niedrig bis mittelhoch mit nickenden Blüten in Weiß bis Rosapurpur. 'Hidecote' 🏆 ist höher und pflaumenfarbig. ☼ ◊ ❄ – ⬙
*A. cristophii* 🏆 (Sternkugellauch) ist ein mittelhoher Lauch mit einer 15 cm großen Blütendolde von metallischem Violett. ☼ ◊ ❄❄❄
*A. hollandicum* 🏆, Syn. *A. aflatunense* (Iran-Lauch) ist

*ALLIUM MOLY* 🏆

ein hoher Lauch mit einer 10 cm großen Blütendolde. ☼ ◊ ❄❄❄
Die Blütendolden von *A. cristophii* und *A. hollandicum* lassen sich sehr gut trocknen.
*A. moly* 🏆 (Goldlauch) ist eine kleine Pflanze mit 5 cm großen Blütendolden. ◐ ◊ ❄❄❄
***A. giganteum*** *S.9*
***A. insubricum*** 🏆 *S.37*
***A. oreophilum*** 🏆 *S.37*

***Amaryllis***
Diese Gattung umfasst eine exotisch aussehende Art, die im Frühherbst blüht.
*A. belladonna* (Belladonnalilie) ist eine mittelhohe Zwiebelpflanze aus Südamerika. Sie hat einen dicken, grünen bis purpurnen Blütenschaft, der sechs große, trompetenförmige, rosa Blüten von bis zu 10 cm Länge trägt, die im Herbst gebildet werden. Den Blüten folgen lange, riemenförmige Blätter. Pflanzen Sie Belladonnalilien auf der Sonnenseite einer Mauer, um sie vor Frost zu schützen. ☼ ◊ ❄❄

◀ LILIENBLÜTIGE TULPEN DER *KAUFMANNIANA*-GRUPPE – *eine schöne gelbe Sorte von mittlerer Höhe.*

*ANEMONE CORONARIA* 'LORD LIEUTENANT'

***Anemone*** (Windröschen)
Diese Gattung kommt in verschiedenen Lebensräumen vor – von kühlen Wäldern bis zu Felsengebirgen.
*A. blanda* (Strahlenanemone) ist eine niedrige Knollenpflanze mit Gänseblümchen ähnlichen Blüten von bis zu 4 cm Durchmesser, deren Farbe von Blau über Purpur bis Rosa und Weiß, oft mit einem hellen Auge, variiert. Sie liebt Sonne oder Halbschatten und breitet sich durch Selbstaussaat rasch aus.
*A. coronaria* (Kronenanemone) ist eine niedrige bis mittelhohe Knollenpflanze mit auffallenden Blüten in Rot, Blau oder Weiß, die im Frühjahr erscheinen und gute Schnittblumen sind. Die De-Caen-Gruppe und St.-Brigid-Gruppe umfassen eine Auswahl von Arten mit einfachen und gefüllten Blüten mit variierenden Farben.
*A. nemorosa* (Buschwindröschen) ist eine niedrige, Rhizom bildende Waldanemone mit zahlreichen Sorten für den Garten in Weiß und Blautönen, die im Vorfrühling blühen. Sie trägt dekorative, mittelgrüne, eingeschnittene Blätter, die nach der Blüte erscheinen.
***A. blanda*** *S.8*
***A. pavonina*** *S.9*
Ebenfalls zu empfehlen:
*A. × fulgens*

# B

***Begonia*** (Begonie, Schiefblatt)
Knollenbegonien sind als Sommerblumen unerlässlich; es handelt sich meist um Hybriden mit zahlreichen gefüllten Blüten in vielen Farben. Sie sind niedrig bis mittelhoch. Die Knollen sollten im Herbst vor dem ersten Frost herausgeholt und bis zur Wiederpflanzung im Frühjahr frostfrei eingelagert werden.
**Multiflora-Begonien** *S.20*

# C

***Camassia*** (Prärielilie)
Diese Zwiebelpflanze blüht von Spätfrühling bis Frühsommer. Wegen ihrer dezenten Farbtöne und der einfachen Kultur wird sie immer beliebter. Sie gedeiht in jedem Beet und braucht keine Vegetationsruhe im Sommer.
*C. leichtlinii* ist höher und hat cremeweiße Blüten. Es gibt die Sorte 'Semiplena' mit gefüllten Blüten.

*CAMASSIA LEICHTLINII*

*CANNA* 'ASSAUT'

***Canna*** (Blumenrohr)
Diese hohe, Rhizom bildende Pflanze trägt paddelförmige, Struktur gebende Blätter, die im Sommer von leuchtend gefärbten Blüten mit drei Blütenblättern überragt werden. In Regionen mit Frost sollten sie im Herbst herausgeholt werden und frostfrei überwintern (*siehe S.57*), bis man sie im Frühjahr wieder pflanzt. Die Sorte 'Assaut' (*S.31*) hat scharlachrote und orangefarbene Blüten und purpurbraune Blätter. 'King Midas' trägt dunkle Blätter und goldgelbe Blüten.

***Cardiocrinum*** (Riesenlilie)
Diese Gattung mit drei Arten stammt aus Südostasien. Alle Arten sind hoch und brauchen einen nährstoffreichen Boden,

der im Sommer feucht ist. Diese Zwiebeln haben mehrjährige Wurzeln, die nicht vertrocknen dürfen. Es dauert mehrere Jahre, bis die Pflanze ausgewachsen ist und blüht; danach stirbt sie ab und hinterlässt mehrere Tochterzwiebeln.
*C. giganteum* 🏆 trägt dekoratives, herzförmiges Laub und einen bis zu 3 m hohen Blütenschaft mit duftenden Trompetenblüten im Sommer.
◼ 💧 ❄❄

***Chionodoxa*** (Schneeglanz)
Diese Gattung ist im Westen der Türkei, auf Kreta sowie Zypern beheimatet und mit dem Blaustern (*Scilla* S.76) verwandt. Die niedrigen Zwiebelpflanzen sind in der Sonne oder im Halbschatten einfach zu ziehen. Sie säen sich rasch selbst aus und blühen bald.
*C. luciliae* 🏆 trägt an jedem Stängel bis zu 12 kleine, sternförmige, blaue Blüten. Auch eine rosafarbene Form ist erhältlich.
◼ – ☀ 💧 ❄❄❄

CARDIOCRINUM GIGANTEUM 🏆

***Colchicum*** (Zeitlose, »Nackte Jungfern«)
Diese Knollenpflanzen werden manchmal fälschlicherweise auch als 'Herbstkrokusse' bezeichnet.
*C. byzantinum* 🏆 ist eine niedrige, üppige Pflanze mit sternförmigen Blüten in zartem Lila, die im Herbst erscheinen und von 10 cm Durchmesser sind. Diesen folgen im Frühjahr große, geriffelte Blätter. Es gibt auch eine weiße Form.
*C. speciosum* 'Album' 🏆 ist ebenfalls niederwüchsig und hat im Herbst weiße Kelchblüten auf hellgrünen Stängeln. Sie halten mehrere Tage lang und sind wetterbeständig.
*C.* 'Waterlily' 🏆 ist niedrig und starkwüchsig mit bis zu fünf dicht gefüllten, lilarosa Blüten pro Knolle. Auch wenn sie umfallen, bleiben die Blüten schön. Diese großblütige Sorte sieht auf der Sonnenseite sommergrüner Sträucher oder inmitten von Stauden gut aus, da diese im Sommer ihre einziehenden Blätter verdecken.
☀ 💧 ❄❄❄

COLCHICUM SPECIOSUM 'ALBUM' 🏆

**C. 'Waterlily'** 🏆 *S.38*
Ebenfalls zu empfehlen:
*C. tenorei* 🏆

***Corydalis*** (Lerchensporn)
Syn. *Pseudofumaria*
Diese Knollenpflanze ist auf der Nordhalbkugel weit verbreitet. Die folgenden Arten sind einfach zu kultivieren und bilden im Frühjahr Blüten, die Frost widerstehen:
*C. malkensis* 🏆, Syn.
*C. caucasica* var. *alba*
*C. solida* 🏆, Syn. *C. halleri*, (Fester Lerchensporn).
◼ – ☀ 💧 ❄❄❄

***Crinum*** (Hakenlilie)
Die auf der Südhalbkugel sehr verbreitete Gattung umfasst nur eine winterharte Art.
*C.* × *powellii* 🏆, eine hohe Hybride aus Südamerika, ist völlig winterhart, wenn sie sich an einem gut geschützten Standort eingewöhnt hat. Den langen Blättern folgt ein langer Schaft, an dessen Spitze rosafarbene, duftende Trichterblüten von 10 cm Länge erscheinen. C. 'Album' 🏆 ist weiß. ☀ 💧 ❄❄❄

CRINUM × POWELLII 🏆

## CROCUS

Alle Krokusse sind niederwüchsig und können gepflanzt werden, um offenen Gärten von Herbst bis zum Frühjahr Farbe zu bringen.

**Frühlingsblüher**
***Crocus ancyrensis*** (Ankara-Krokus) trägt orangefarbene, runde Blüten. Er eignet sich für ein sonniges Beet oder für Gefäße.
***C. chrysanthus* 'Blue Pearl'** 🏆 trägt weiße Blüten, die lilablau überhaucht sind und goldgelben Schlund haben.
***C. chrysanthus* 'Cream Beauty'** 🏆 hat kleine, cremefarbene Blüten mit dunkelgelbem Schlund.
***C. chrysanthus* 'Ladykiller'** 🏆 trägt innen weiße, außen purpurn gezeichnete Blüten.
***C. × luteus* 'Golden Yellow'** 🏆 ist ein starkwüchsiger Krokus mit orangegelben Blüten und lässt sich gut verwildern.
***C. sieberi* 'Albus'**, Syn. 'Bowles White' 🏆, ist weiß mit gelbem Schlund.
***C. sieberi* 'Hubert Edelsten'** 🏆 ist blasslila mit drei leuchtend violetten Außenpetalen, die mit einer weißen Linie gezeichnet sind.
***C. tommasinianus*** (Elfenkrokus) ist ein vollendeter Überlebenskünstler und breitet sich stark aus. Es gibt eine schöne weiße Form *f. albus*.
***C. tommasinianus* 'Ruby Giant'** ist steril und eignet sich für leichte Böden, wo sich selbst aussäende Krokusse stark wuchern können.

*CROCUS TOMMASINIANUS* 'RUBY GIANT' 🏆

*CROCUS SIEBERI* 'HUBERT EDELSTEN' 🏆

**Herbstblüher**
***C. speciosus* 'Oxonian'** (Prachtkrokus) ist ein dunkelvioletter Krokus von bis zu 10 cm Höhe.
***C. medius*** 🏆 hat leuchtend dunkellila Blüten.
***C. ochroleucus*** 🏆 bringt im Spätherbst cremeweiße Blüten hervor.

*CROCOSMIA × CROCOSMIIFLORA* 'STAR OF THE EAST'

***Crocosmia*** (Montbretie)
Diese Pflanze lässt sich einfach kultivieren und bildet Horste, die sich gegenseitig stützen. Montbretie ist mittelhoch und gedeiht in der Sonne oder im Halbschatten ausgezeichnet, solange der Boden durchlässig, aber feucht ist. Die kultivierten Knollen sind gewöhnlich Hybriden der südafrikanischen Arten.
*C. × crocosmiiflora* 'Dusky Maiden' trägt ungewöhnliche, tief bronzefarbene, lanzettliche Blätter sowie braunorange gefärbte Trichterblüten im Spätsommer.
*C. × crocosmiiflora* 'Star of the East' ist mittelhoch mit orangefarbenen Sternblüten vom 10 cm Durchmesser von Spätsommer bis Frühherbst.
C. 'Lucifer' 🏆 ist hoch und robust, mit leuchtend tiefroten Blüten im Hochsommer.

***C. × crocosmiiflora***
**'Gerbe d'Or'** *S.46*
**'Jackanapes'** *S.47*
Ebenfalls zu empfehlen:
*C. × crocosmiiflora* 'Emily McKenzie'

***Cyclamen*** (Alpenveilchen)
Hübsche Knollenpflanzen, die das ganze Jahr hindurch blühen. Viele duften.
*C. coum* 🏆 (Vorfrühlings-Alpenveilchen) ist eine niedrige, winterblühende Art. Die runden Blätter können einfach grün oder silbern gefleckt sein und mit allen möglichen Kombinationen dazwischen, während die Blüten von Weiß bis Karminrot variieren. Diese Alpenveilchen sehen sehr wirkungsvoll aus, wenn sie um sommergrüne Sträucher gepflanzt werden, damit sie in der trübsten Jahreszeit für Farbe sorgen. ◧ ◊ ❄❄❄
*C. hederifolium* 🏆, Syn. *C. neopolitanum* (Efeublättriges Alpenveilchen), ist größer als *C. coum*, trägt dreieckige Blätter und blüht im Frühherbst. Nach dem Eingewöhnen säen sie sich selbst aus und sehen in Gruppen gepflanzt besser aus als einzeln verstreut. Es gibt auch eine ganz silberblättrige Sorte, die jetzt überall erhältlich ist und meist silberfarbige Sämlinge hervorbringt.
◧ ◊ ❄❄❄
*C. persicum*-Sorten werden in allen Blumengeschäften und Gartencentern als Zimmerpflanzen verkauft. Die Blüten sind von weiß bis karminrot gefärbt und variieren stark in der Form. Wenn die Blüten und Blätter welken, sollte die Pflanze von der Sonne entfernt und ziemlich trocken gehalten werden. ◧ ◊ ◈ – ❄
***C. cilicum*** *S.39*
***C. coum*** *S.11, S.41*
***C. hederifolium*** *S.7*
Ebenfalls zu empfehlen:
*C. repandum*

***Cyrtanthus*** (Feuerlilie)
Eine Gattung nicht winterharter Zwiebelpflanzen aus Südafrika. Die im Folgenden beschriebene Art braucht eine trockene Ruheperiode im Winter, bevor im Frühjahr das Wachstum einsetzt und man zu gießen beginnt.
*C. elatus* 🏆 ist mittelhoch und lässt sich in kühleren Gegenden leicht ziehen; sie ist ein Gewinn für das Fensterbrett. Diese Pflanze trägt riemenförmige Blätter und scharlachrote Trichterblüten, die im Sommer auf kräftigen Stängeln sitzen.
◧ ◊ ◈

# D

***Dahlia*** (Dahlie)
Die aus Zentral- und Südamerika stammende Knollenpflanze kann einfach nach hochwüchsigen und niedrig wachsenden Sorten eingeteilt werden. Es gibt Tausende von Dahlien-Sorten mit zahlreichen Blütenfarben, Höhen und Formen. Sie blühen von Hochsommer bis zu den ersten Herbstfrösten. Eine kleine Auswahl von allen erhältlichen Sorten:
'Bishop of Llandaff' 🏆 ist eine mittelhohe bis hohe Dahlie mit halbgefüllten, roten Blüten. 'Charlie Two' ist eine hohe Pflanze mit mittelgroßen, gefüllten Blüten in leuchtendem Gelb. 'Fascination' 🏆 ist eine niedrige, päonienblütige Beetpflanze in Dunkelrosa mit dunkelbronzefarbenem Laub. 'Glorie van Heemstede' 🏆 ist eine leuchtend gelbe, seerosenförmige Dahlie von mittlerer Höhe. 'Grenidor Pastelle' ist eine zweifarbige Sorte von mittlerer Höhe mit lachsrosa Blüten, die in der Mitte cremefarben sind.
◧ ◊ ❄

*DAHLIA* 'FASCINATION' 🏆

# E

***Eranthis*** (Winterling)
Die Knollenpflanze fühlt sich in kühler, halbschattiger Lage am wohlsten. *E. hyemalis* 🏆 (Kl. Winterling) hat im Frühjahr gelbe, becherförmige Blüten. Sie wächst niedrig, breitet sich aber in kalkhaltigen Böden durch Selbstaussaat über Beete und kurz geschnittene Rasen aus.
◧ ◊ ❄❄❄

*ERANTHIS HYEMALIS* 🏆

EUCOMIS BICOLOR

***Erythronium*** (Hundszahnlilie, Forellenlilie)
Die meisten Arten dieser Zwiebelpflanze mit zwei Grundblättern stammen aus Nordamerika, einige aus Europa und Asien. Alle Hundszahnlilien können als Topfpflanzen oder als noch etwas feuchte Zwiebeln gekauft werden, da sie es nicht mögen, getrocknet zu werden.
*E. dens-canis* 🏆 (Hundszahn) ist ein niederwüchsiger Frühlingsblüher mit mittelgrünen Blättern, die hübsch purpurbraun gesprenkelt sind. Die hängenden Blüten in Weiß, Rosa oder Violett sind anmutig nach hinten geschwungen.
*E.* 'Pagoda' 🏆 ist eine starkwüchsige Pflanze bis zu mittlerer Höhe, deren Blätter bronzefarben gezeichnet sind. Die zwei bis fünf gelben Blüten haben in der Mitte einen braunen Ring.
*E. revolutum* 🏆 ist eine niedrige, aber sehr schöne Pflanze mit leuchtend grünen Blättern und braun und rosa gesprenkelten, nach hinten geschwungenen Blüten. Diese Varietät bildet durch Selbstaussaat Kolonien. ◼ ◊ ❄❄❄

Ebenfalls zu empfehlen:
*E. californicum* 🏆

***Eucomis*** (Schopflilie)
Diese aus Südafrika stammende Zwiebelpflanze hat kräftige Wurzeln, die viel Feuchtigkeit brauchen. *E. bicolor,* eine mittelhohe, im Spätsommer blühende Pflanze, die fast völlig winterhart ist, wenn sie durch eine Mulchschicht geschützt wird. Die hohen Ähren tragen grüne Blüten, die violett gesäumt sind und von einem Schopf vergrößerter Deckblätter gekrönt werden. Der Blütenstand erinnert an eine Ananas, so dass die Pflanze auch »Ananasblume« genannt wird. ☼ ◊ ❄❄
***E. bicolor*** *S.10*
***E. pole-evansii*** *S.39*

# F

***Fritillaria*** (Fritillarie)
Alle Pflanzen dieser Gattung tragen hängende, glockenförmige Blüten.
*F. imperialis* (Kaiserkrone) ist eine im Frühjahr blühende, hohe Zwiebelpflanze mit Blattquirlen und stattlichen Blütenständen mit bis zu acht hängenden Glockenblüten in Gelb, Orange oder Rot.
Jeder Blütenschaft ist von einem Blattschopf gekrönt.
*F. meleagris* 🏆 (Schachblume) ist eine in Europa beheimatete Art. Sie hat einen kurzen Stängel mit schmalen, gräulichen Blättern und nickende Glockenblüten mit Schachbrettmuster.
*F. persica* 'Adiyaman' 🏆 ist eine hohe Pflanze mit einer Blütentraube mit bis zu 30 kleinen, pflaumenfarbigen Glockenblüten, die im zeitigen Frühjahr einen Kranz aus graugrünen Blättern überragen.
☼ ◊ ❄❄❄
***F. imperialis*** *S.17*
***F. imperialis* 'The Premier'** *S.45*
***F. imperialis* 'Rubra'** *S. 45*
***F. pallidiflora*** 🏆 *S.18*

FRITILLARIA MELEAGRIS 🏆

# G

***Galanthus*** (Schneeglöckchen)
Diese Gattung kleiner Zwiebelgewächse hat weiße, glockenförmige Blüten, von denen die

GALANTHUS PLICATUS SSP. BYZANTINUS

meisten im Frühjahr blühen, einige jedoch erst im Herbst. *G. elwesii* 🏆 wächst niedrig, ist aber sehr starkwüchsig. Sie trägt breite, blaugrüne Blätter und weiße, nickende Blüten. *G. nivalis* (Gewöhnliches Schneeglöckchen) 🏆 bringt nickende, weißen Blüten hervor, die an den Spitzen der Kronblättern grün gezeichnet sind. Die Blätter sind ganz schmal.
*G. plicatus* 🏆 ist eine Art mit großen Blüten und trägt Blätter, die am Rand nach außen geschwungen sind. Sie bildet rasch Tochterzwiebeln.
☼◊ ❄❄❄
Ebenfalls zu empfehlen:
G. 'S. Arnott' 🏆

***Galtonia*** (Sommerhyazinthe)
Diese Gattung aus Südafrika blüht im Sommer und eignet sich gut für Staudenbeete.
*G. candicans* ist eine mittelhohe Pflanze, die im Spätsommer blüht. Die Trauben mit bis zu 30 weißen, hängenden Glockenblüten sitzen in der Mitte langer, graugrüner Blätter.
☼◊ ❄❄❄

*GALTONIA CANDICANS*

## IRIS

Das ist eine große Gattung mit Zwiebel- und Rhizompflanzen, die in vielen Formen und Farben erhältlich sind. Die Reticulata-Iris haben netzhäutige Zwiebeln, während die Juno-Iris glatthäutige Zwiebeln mit langen, fleischigen Wurzeln besitzen. Xiphium-Iris blüht etwas später im Frühjahr und hat größere Zwiebeln.

**Juno-Iris**
***I. bucharica*** 🏆 (Geweihiris) ist eine starkwüchsige Art von mittlerer Höhe mit glänzenden, breiten Blättern. Aus den Blattachseln erscheinen mehrere große Blüten mit cremeweißen Dornblättern, die von gelben Hängeblättern umgeben sind. Sie mag einen sonnigen Standort mit gutem, durchlässigem Boden. ☼◊ ❄❄❄

*IRIS BUCHARICA* 🏆

**Reticulate-Iris**
**'Harmony'** ist eine niedrige Iris, die sich sehr gut für Gefäßkulturen oder für den Rand einer Rabatte eignet. Die Blüten sind dunkelhimmelblau mit gelbem Mittelstreifen.

*IRIS* 'HARMONY'

**'J.S. Dijt'** ist eine weitere niedrige Sorte, die im Winter Blüten bildet, wenn sie in sonniger Lage gepflanzt wird. Sie trägt purpurne Blüten, deren Hängeblätter orange gezeichnet sind.

**'Katharine Hodgkin'** 🏆 hat zartblaue Blüten mit gelb und blau gemusterten Hängeblättern. Diese starkwüchsige Iris widersteht den widrigen Winterbedingungen. ☼◊ ❄❄❄

**Xiphium iris** 🏆
***I. latifolia*** ist eine mittelhohe Art aus Nordspanien mit violetten Blüten, deren Hängeblätter gelb gezeichnet sind. ☼◊ ❄❄❄

*GLADIOLUS* 'MI MI'

**Gladiolus** (Gladiole, Siegwurz)
Die weit verbreitete Gattung mehrjähriger Knollenpflanze stammt aus Südafrika und Südeuropa. Die Großblütige Gartengladiole ist in Gegenden mit Frost nur bedingt winterhart, so dass die Zwiebeln im Frühjahr gepflanzt und im Herbst, wenn die Blätter sich gelb färben, wieder herausgeholt werden. Es gibt zahlreiche Sorten dieser hohen Pflanze, die im Hochsommer auffallende, offene Trichterblüten tragen. Man kann sie in Rabatten pflanzen oder in eine eher formale Gestaltung integrieren. 'Mi Mi' hat tief rosafarbene Blüten mit weißer Mitte. ☼ ◊ ❄
***G. communis*** **ssp.** ***byzantinus*** ♀ *S.37*
Ebenfalls zu empfehlen:
*G. tristis*

# H

**Hippeastrum**
Diese Zwiebelpflanze stammt aus Südamerika und kann fast zu jeder Zeit im Jahr, besonders im Winter und Frühjahr, blühen, wenn die Zwiebel bei bestimmten Temperaturen eingelagert wird. Die mittelhohe Pflanze trägt große Trompetenblüten auf einem kräftigen Schaft, die weiß bis tiefrot sein können. ☼ ◊ ◆

***Hyacinthoides*** (Hasenglöckchen)
Die Zwiebeln dieser Pflanze können sich mit Hilfe der zusammenziehbaren Wurzeln tiefer in den Boden schieben. Sie gedeihen in fast jeder Lage.
*H. hispanica,* Syn. *Scilla hispanica* (Spanisches Hasenglöckchen) ist mittelhoch und wächst in jedem Gartenboden, eignet sich aber sehr gut zum Verwildern in einem Wald- oder Obstgarten. Die mittelblauen Blüten, deren Spitzen sich nach außen biegen, bilden lockere Trauben. ◐ ◊ ❄❄❄
*H. non-scripta,* Syn. *Scilla non-scripta* (Waldhyazinthe) ist starkwüchsig, mittelhoch und trägt wie *H. hispanica* nach hinten geschwungene, blaue Blüten, die nur an einer Seite der Traube sitzen. Die glänzenden Grundblätter sind dunkelgrün und hängen über. ☼ ◊ ❄❄❄

*HIPPEASTRUM* 'APPLE BLOSSOM'

*HYACINTHOIDES NON-SCRIPTA*

***Hyacinthus*** (Hyazinthe)
Alle Sorten dieser bekannten Zwiebelpflanze stammen von der kleineren, kultivierten Art *H. orientalis* ab.
*H. orientalis*, die allgegenwärtige Hyazinthe, ist eine niedrige Art, die in einer großen Farbpalette angeboten wird, die von Weiß über Rosa bis Rot, Purpur und Violett reicht. Auch Gelb- und Apricottöne kommen vor. Sie sind die beste Wahl für ein formales Frühlingsbeet oder für ein Gefäß, in dem sie für eine frühzeitige Blüte getrieben werden können.
*H. orientalis* 'Anna Marie' ♀ hat duftende Sternblüten in Rosa, die eine dichte Blütenkerze bilden. Diese Sorte eignet sich für die Treiberei besonders gut.
*H. orientalis* 'Delft Blue' ♀ in zartem Blau.
*H. orientalis* 'White Pearl' ist eine etwas später blühende, rein weiße Sorte mit einfachen Blüten. ☼ ◊ ❄❄❄
**'Carnegie'** *S.45*
**'City of Haarlem'** *S.45*
**'L'Innocence'** *S.45*
**'Ostara'** *S.45*

## *LILIUM* (LILIE)

Liliensorten sind einfacher zu kultivieren als die Arten. Aber die Blüten der Arten besitzen eine Anziehungskraft und Anmut, die bei den Hybriden selten gefunden werden. Pflanzen Sie sie in ein tiefes Loch, dem organisches Material eingearbeitet wurde. Lilien brauchen nur in windigen Lagen eine Stützhilfe und eignen sich sehr gut für Gefäße, wenn genug Platz für die Wurzeln vorhanden ist.

**Asiatische Hybriden**
**'Connecticut King'** ist eine hohe, nicht duftende Lilie mit gelben Blüten, die im Sommer erscheinen.
**'Enchantment'** 🏆
Im Sommer bringt diese nicht duftende Lilie von mittlerer Höhe nach oben gerichtete, orangefarbene Blüten, die sich nach hinten krümmen.
**'Mont Blanc'** ist eine mittelhohe, sommerblühende, nicht duftende Lilie. Sie hat weiße, nach oben gerichtete Blüten mit braunen Flecken. ☼ ◊ ❄❄❄

*LILIUM* 'RED NIGHT'

*LILIUM* 'JOURNEY'S END'

**Orientalische Hybriden**
**'Casa Blanca'** 🏆 hat rein weiße Schalenblüten, die im Sommer in Büscheln an hohen Stängeln erscheinen. Sie duften und tragen kontrastierende dunkel-orange Staubbeutel.
**'Journey's End'** ist eine ungewöhnliche Kombination von Rosa und Braun mit weißem Rand. Diese hohe Sorte trägt im Spätsommer sehr schöne, nicht duftende, breite Blüten mit zurückgeschlagenen Blütenblättern. ☼ ◊ ❄❄❄

**Trichter- und Trompetenlilien**
Die hohen Lilien aus der **Golden-Splendor-Gruppe** tragen duftende, goldgelbe Trompetenblüten, die tiefrot geädert sind. ☼ ◊ ❄❄❄

**Wildarten**
***L. martagon*** (Türkenbundlilie) ist eine hohe Lilie mit leuchtenden Blüten, die von Rosa bis Purpurrot variieren und nicht sehr angenehm riechen; sie erscheinen im Hochsommer. ☼–◐ ◊ ❄❄❄
***L. regale*** 🏆 (Königslilie) ist eine hohe Lilie aus China. Sie trägt im Hochsommer weiße Trompetenblüten, die außen purpurrosa gestreift sind und süßlich duften. Die Pflanze braucht Vollsonne und einen nährstoffreichen Boden, um optimal zu wachsen.
☼ ◊ ❄❄❄
***L. speciosum* var. *rubrum*** (Prachtlilie) braucht einen sauren, feuchten Boden. Ihre hohen, dunklen Stängel tragen duftende, hängende Schalenblüten mit stark zurückgeschlagen Blütenblättern. Sie erscheinen im Spätsommer und Frühherbst und sind satt karminrot mit dunklen Flecken. ◐ ♦ ❄❄❄
***L. superbum*** 🏆 ist hoch und trägt im Herbst nicht duftende, orangerote, gefleckte Blüten. Die Blätter sind in Quirlen angeordnet.
☼ ♦ ❄❄❄

*LILIUM REGALE* 🏆

*LEUCOJUM AESTIVUM* 'GRAVETYE GIANT'

*MUSCARI ARMENIACUM* 🏆

# I

***Ipheion*** (Sternblume)
Die niedrige Zwiebelpflanze stammt aus dem östlichen Südamerika. Sie ist mit Lauch relativ nah verwandt und verströmt einen Geruch nach Speisezwiebeln, wenn man die Blätter zerreibt. Die im Frühjahr erscheinenden Blüten jedoch riechen oft süßlich nach Honig.
*I. uniflorum* 'Wisley Blue' 🏆 ist fast völlig winterhart und einen Versuch wert, in kalten Regionen kultiviert zu werden. Sie wächst niedrig und trägt hellblaue Sternblüten sowie dichtes, grasähnliches Laub. Sternblume vermehrt sich sehr schnell und eignet sich gut für Pflanzungen zwischen Sträuchern oder als Umrandung für Steingärten. ☼ ◊ ❄❄❄

# L

***Leucojum*** (Knotenblume)
Die Knotenblume ist eine meist vernachlässigte Pflanze. Die hier beschriebenen drei Arten sind einfach zu ziehen und vermehren sich rasch.
*L. aestivum* 'Gravetye Giant' 🏆 (Sommerknotenblume) ist eine mittelhohe Zwiebelpflanze mit glänzend grünen, riemenförmigen Blättern und Stängeln, die bis zu acht weiße, hängende Glockenblüten mit grünen Spitzen tragen. Sie eignet sich hervorragend für einen sonnigen Teichrand oder eine halbschattige Rabatte. In exponierten Lagen kann sie eine Stütze brauchen.
☼ ◊ ❄❄❄
*L. autumnale* 🏆 (Herbstknotenblume) ist eine zart aussehende, aber winterharte, niedrige Pflanze, die sich für Hochbeete oder Steingärten gut eignet. Die 1 cm großen Glockenblüten gehören zu den ersten Herbstblüten. Die Blüte beginnt bereits im Spätsommer. Ihr folgen die grasähnlichen Blätter.
☼ ◊ ❄❄❄
*L. vernum* 🏆 (Märzenbecher) ist eine kleine, aber robuste Pflanze mit ganz kurzen, riemenförmigen Blättern, die zusammen mit den Blüten im zeitigen Frühjahr erscheinen. Die Blüten sind offen und glockig mit grünen oder gelben Spitzen. Märzenbecher bieten eine gute Alternative zu Schneeglöckchen.
☼ ◊ ❄❄❄

# M

***Muscari*** (Traubenhyazinthe)
Traubenhyazinthen sind eine Gattung einfach zu kultivierender Zwiebelpflanzen, die im Frühjahr gewöhnlich blaue oder weiße Blüten hervorbringen. Sie passen in fast jeden Garten sehr gut und breiten sich rasch über eine Fläche aus.
*M. armeniacum* 🏆 ist eine wuchskräftige, niedrige Pflanze mit Trauben leuchtend blauer Glockenblüten mit weißen Zähnchen, die im Frühjahr erscheinen.
☼ ◊ ❄❄❄
*M. azureum* 🏆, Syn. *Hyacinthus azureus,* ist eine niederwüchsige Zwiebelpflanze mit aufrechten, gräulichen Blättern und passt gut in Steingärten, wo die leuchtend blauen Blüten bewundert werden können. Sie vermehrt sich stark durch Selbstaussaat und eignet sich gut als Farbtupfer für Rabatten im Frühjahr.
☼ ◊ ❄❄❄
*M. latifolium* (Breitblättrige Traubenhyazinthe) ist eine etwas später blühende Art mit ein oder zwei breiten Blättern und einer zweifarbigen Traube dunkelblauer, fertiler Blüten unten und blassblauer, steriler Blüten oben. Sie wächst langsamer als die meisten Traubenhyazinthen und ist weniger wüchsig als manch andere.
☼ ◊ ❄❄❄

## *NARCISSUS* (NARZISSE, OSTERGLOCKE)

Die Palette an Narzissen, die erhältlich sind, ist riesig. Ihre Höhe ist wichtig – manche großblütige Narzissen benötigen viel Platz und müssen vorsichtig platziert werden. Die hier aufgeführten Sorten sind meist mittelhoch und einfach zu kultivieren. Die Wurzeln beginnen im Spätsommer, sich zu entwickeln.

**Daffodils für Rabatten**
**'Cheerfulness'** 🏆 trägt süßlich duftende, gefüllte, weiße Blüten mit cremegelber Nebenkrone. Sie ist eine mittelhohe Pflanze, die Mitte Frühling blüht.
**'Dove Wings'** 🏆 hat eine weiße Hauptkrone, die nach hinten zurückgeschlagen ist, und eine zitronengelbe Nebenkrone. Sie ist eine niedrige, aber kräftige und reich blühende Narzisse.
**'February Gold'** 🏆 fängt oft schon im zeitigen Frühjahr zu blühen an. Sie trägt eine auffallende goldgelbe Blüte mit einer dunkleren Nebenkrone.

*NARCISSUS* 'CHEERFULNESS' 🏆

**'Irene Copeland'** hat gefüllte Blüten, die außen weiß, innen leuchtend gelb sind. Sie blüht in der Mitte des Frühlings.
**'Jack Snipe'** 🏆 ist eine niedrige Pflanze mit Blüten, die eine cremeweiße Hauptkrone und eine zitronengelbe Nebenkrone tragen.
**'Jetfire'** hat kontrastierende Blüten mit zitronengelber Hauptkrone und orangeroter Nebenkrone. Zunächst ist die Nebenkrone ganz blass gefärbt, wird aber mit der Zeit dunkler.
**'Minnow'** 🏆 ist eine niedrige, drei- bis vierblütige Tazetten-Hybride oder Straußnarzisse. Die duftenden Blüten haben cremeweiße Hauptkrone und orangefarbene Nebenkrone.
**'Mount Hood'** 🏆 ist eine mittelhohe Narzisse mit cremefarbener Nebenkrone und weißer Hauptkrone. Sie blüht in der Mitte des Frühlings und ist kräftig.
**'Pipit'** ist eine mittelhohe Duftnarzisse mit zwei bis drei zitronengelben Blüten pro Stängel.
**'Tête-à-Tête'** 🏆 ist niedrig, aber wuchskräftig. Sie trägt bis zu drei Blüten pro Stängel. Die Hauptkrone ist gelb, die Nebenkrone goldgelb.
**'Thalia'** ist eine Triandrus-Hybride und trägt rein weiße Blüten mit einer kleinen, offenen Nebenkrone von mittlerer Höhe. Die zwei- bis dreiblütige Pflanze blüht regelmäßig, ohne dass man die Zwiebeln herausholen muss. ☼ ◊ ❄❄❄

*NARCISSUS* 'TÊTE-À-TÊTE'

**Narzissen für die Treiberei**
*N. Papyraceus* ist eine weiße Narzissenart, die im Herbst erhältlich ist und als **'Paper White'** verkauft wird; sie blüht in der Mitte des Winters. Die mittelhohe Pflanze bringt kleine, duftende, weiße Blüten hervor. In mildem Klima gedeiht sie am besten. ☼ ◊ ❄❄ (auch **'Jack Snipe'**, **'Minnow'** und **'Tête-à-Tête'**)

**Narzissen zum Verwildern**
***N. poeticus* var. *recurvus*** 🏆 (Dichternarzisse) Diese mittelhohe Art hat eine weiße Haupt- und kleine, gelbe Nebenkronen in Becherform mit rotem Rand.
***N. pseudonarcissus*,** Syn. *N. lobularis* (Trompetennarzisse) ist eine kleine, aber gute Wildnarzisse, die in Europa heimisch ist. Sie ist die klassische Narzisse mit nickender, gelber Nebenkrone in Trompetenform und cremefarbener Hauptkrone. ☼ ◊ ❄❄❄ (auch **'February Gold'**)

NERINE BOWDENII 🏆

# N

**Nerine**
Die Gattung niedriger bis mittelhoher Zwiebelpflanzen aus Südafrika blüht auf der Südhalbkugel im Herbst. Während der trockenen Sommerzeit hat sie ihre Vegetationsruhe. Nach der Blüte im Herbst entwickeln sich die Blätter. Es gibt zahlreiche Hybriden, die sich sehr gut für das Gewächshaus oder für Gefäßkultur eignen. Bei mildem Klima können Arten in geschützten Lagen wachsen.
*N. bowdenii* 🏆 wird als Herbstblume unterschätzt, weil sie von niedrigem Wuchs ist, trägt aber große Büschel lilienähnlicher, rosa Blüten an kräftigen Stängeln. Die Zwiebel sollte nicht tief, auf der Sonnenseite einer Mauer gepflanzt werden. Hier wird die Pflanze mit etwas Aufmerksamkeit Jahr für Jahr ihre Blüten hervorbringen.
Sie sind ausgezeichnete Schnittblumen. ☼ 💧 ❄❄❄

# O

***Ornithogalum*** (Milchstern)
Diese Gattung umfasst einige winterharte Frühlingsblüher.
*O. nutans* 🏆 (Nickender Milchstern) ist niedrig und blüht zur Mitte des Frühlings. Sie trägt silbrig weiße, hängende Glockenblüten, die eine einseitige Doldentraube bilden. Diese überragen die leicht sukkulenten Blätter, die in der Mitte silbern gestreift sind.
*O. umbellatum* (Stern von Bethlehem) ist eine kräftige, niedrige Pflanze, die sich für Bereiche gut eignet, wo sonst wenig wächst, wie z.B. am Fuße von Hecken oder direkt an Gebäuden. Die sternförmigen, weißen Blüten haben außen einen grünen Streifen und bilden dichte Büschel.
☼ – ◐ 💧 ❄❄❄

***Oxalis*** (Sauerklee)
*O. adenophylla* 🏆 (Kordilleren-Sauerklee) ist eine niedrige Pflanze aus Südamerika, die in Steingärten oder Töpfen gut gedeiht. Sie trägt im Spätfrühling trichterförmige, dunkelrosa Blüten mit heller Mitte.

OXALIS ADENOPHYLLA 🏆

# P

***Puschkinia*** (Puschkinie)
Die niederwüchsige Gattung stammt aus Westasien und braucht einen durchlässigen Boden.
*P. scilloides* ist eine niedrige Pflanze mit zwei aufrechten Blättern und dichten Trauben blassblauer, offener Glockenblüten mit dunkelblauen Linien auf den Blütenblättern, die zur Mitte hin verlaufen; sie erscheinen im Frühjahr. Die anpassungsfähige Pflanze wächst bei Vollsonne oder im Halbschatten.
☼ – ◐ 💧 ❄❄❄

# S

***Scilla*** (Blaustern)
Diese Zwiebelpflanze bringt jeden Frühling ein schönes Blau in den Garten.
*S. bifolia* 🏆 (Sternhyazinthe, Zweiblätteriger Blaustern) ist eine sehr niedrige Art, die im zeitigen Frühjahr jeden Bereich des Gartens mit ihren bläulichen Sternblüten aufhellt. Die dunkelgrünen Blätter wachsen

SCILLA BIFOLIA 🏆

spärlich und haben eine gebogene Spitze. Es gibt auch weiße und rosafarbene Formen.

*S. peruviana* stammt aus dem westlichen Mittelmeer. Die kleine Pflanze ist immergrün und daher ungewöhnlich. Die sich verjüngenden Blätter erscheinen im Herbst, lange bevor die mehrblütigen Trauben mit konischen, violettblauen oder weißen Blüten im Frühsommer erscheinen.

*S. siberica* 'Spring Beauty', Syn. 'Atrocoerulea', (Blausternchen) ist etwas höher als *S. bifolia* und trägt im zeitigen Frühjahr tiefblaue Blüten.
Um sommergrüne Sträucher herum oder zusammen mit weißen oder roten Blumen gepflanzt sieht sie besonders eindrucksvoll aus.

***Sternbergia*** (Goldkrokus)
*S. lutea* ist eine niedrige Pflanze für einen sonnigen Standort. Im Herbst trägt sie leuchtend gelbe, kelchförmige Blüten, die von dunkelgrünen, schmalen, riemenförmigen Blättern umgeben sind. Diese kleine, robuste Pflanze blüht bei mildem Klima bis in den Winter hinein.

*S. sicula* ist eine niedrige Art mit leuchtenden, buttergelben Blüten. Sie braucht einen warmen, sonnigen Standort, wo die dünnen, dunkelgrünen Blätter einen schönen Kontrast zu den gelben Kelchblüten bilden.

## *TULIPA* (TULPE)

Diese beliebte Gattung mehrjähriger, im Frühjahr blühender Zwiebelgewächse freut sich im Sommer über sonnige, warme Bedingungen.
Es kann notwendig sein, die Zwiebeln im Spätfrühling herauszuheben und sie im Herbst wieder zu pflanzen; das hängt von den Verhältnissen in Ihrem Garten ab.
Es gibt Hunderte von Sorten, aus den Sie eine Auswahl treffen können.

TULIPA LINIFOLIA

**Becherförmige Blüten**
***T. linifolia* Batalinii-Gruppe** 🏆
Diese Tulpen sind niedrig bis mittelhoch und blühen früh. Sie kommen in Rot, Gelb, Apricot und Bronze vor. Sie lassen sich sehr einfach kultivieren, wenn sie einen durchlässigen Standort in einem kalten Garten bekommen.
***T. praestans* 'Fusilier'** 🏆 ist eine mittelhohe Tulpe, die einfach zu ziehen und sehr zuverlässig ist. Sie trägt mehrere orange-scharlachrote Blüten an jedem Stängel.
**'Red Riding Hood'** 🏆 ist eine niedrige Tulpe, die dekorative, grüne Blätter mit dunkelbraunen Flecken trägt. Die Blüten sind außen rot, innen scharlachrot mit schwarzem Zentrum.

TULIPA 'QUEEN OF SHEBA' 🏆

**Einfache, becherförmige Blüten**
**'Attila'** ist eine früh blühende Triumph-Tulpe von mittlerer Höhe mit einfachen Blüten in Rosaviolett.
**'Queen of Night'** ist eine mittelhohe Tulpe, die später blüht. Sie trägt sehr dunkle Blüten in Braunviolett und einfarbig grüne Blätter.
**Lilienförmige Blüten**
**'Queen of Sheba'** 🏆 ist eine mittelhohe, spät blühende Tulpe in Braunrot mit orangefarbenem Saum.
Ebenfalls zu empfehlen:
*T. sprengeri* 🏆

# REGISTER

***Kursive*** Seitenzahlen weisen auf eine Abbildung hin.

## A, B



## C



## D, E



## F, G

# H, I



# K, L



# M, N



# O, P

# DANK

**Bildrecherche** Anna Grapes
Mariana Sonnenberg
**Bildredaktion** Richard Dabb
Romaine Werblow

**Pflanzpläne** Anne Winterbotham
**Andere Illustrationen** Sharon Moore

**Register** Chris Bernstein

**Dorling Kindersley dankt:**
allen Mitarbeitern der RHS, im besonderen Susanne Mitchell, Karen Wilson und Barbara Haynes (Büro Vincent Square). Weiterer Dank ergeht an Joanna Chisholm für Lektoratsassistenz.

**Studio Cactus bedankt sich bei:**
Susi Bailey, Alison Bolus und Katie Hayword für Lektoratsassistenz, Lesley Malkin für Korrekturlesen, Alison Donovan, Claire Pegrum, Ann Thompson und Laura Watson für Layoutassistenz. Danke auch Mr und Mrs Lunn sowie Mr und Mrs Town zur Benutzung ihrer Gärten.

**Bildnachweis**
Der Verlag möchte folgenden Fotografen für die überlassung von Bildmaterial danken:
(Abkürzungen: o=oben, M=Mitte, u=unten, l=links, r=rechts)
Sue Atkinson: 3
Jonathan Buckley: 23ol.
Jacqui Hurst: 64
Rod Leeds: 9ol, 11Mr, 33ul.
Harry Smith Collection: 15ul.